Miriam Schultze • Marion Ansorge

# Didgeridoo und Känguru

## Eine Reise durch Australien in Spielen, Liedern, Tänzen und spannenden Geschichten für Kinder

Illustrationen von Vanessa Paulzen

Ökotopia Verlag Münster

# Impressum

**Autorinnen:**     Miriam Schultze, Marion Ansorge

**Illustrationen:**   Vanessa Paulzen

**Lektorat:**       Martina Kroth

**Satz:**          Studio Bandur, Idstein-Wörsdorf

**ISBN:**          3-931902-67-6


© 2001 Ökotopia Verlag, Münster

1  2  3  4  5  6  7  ·  07  06  05  04  03  02  01

Alle Lieder dieses Buches
gibt es auf der CD von Pit Budde:
**Didgeridoo und Känguru**
Australische Lieder, Tänze und
Geschichten für Kinder
ISBN: 3-931902-68-4

# Inhaltsverzeichnis

# Vorwort

In der letzten Zeit machte Australien eine Menge von sich reden. Im Herbst 2000 fanden in Sydney die olympischen Spiele statt und am 1. Januar des Jahres 2001 feierte Australien den hundertsten Geburtstag seiner staatlichen Vereinigung. Immer wieder gab es zu diesen Anlässen Meldungen in den Zeitungen, die auch auf das ungleiche Verhältnis zwischen den weißen Australiern und den Ureinwohnern, den Aborigines, hinwiesen.

Die Kultur der Aborigines ist für uns eine besonders fremde Kultur. Australien liegt genau auf der anderen Seite der Erde, also ziemlich weit weg – und wer von uns kennt schon einen Aboriginal persönlich? Kinder, die der westlichen Gesellschaft angehören, treffen in der Auseinandersetzung mit der Kultur der Aborigines auf eine völlig andere Welt als die ihrige. Zum einen besitzt die Aborigineskultur keine Schrift und zum anderen hat materieller Besitz keinerlei Bedeutung.

Es liegt mir am Herzen, den LeserInnen dieses Buches zu vermitteln, dass eine Kultur, die lange Zeit von westlichen Wissenschaftlern als primitiv und steinzeitlich abgewertet wurde, ein buntes und vielseitiges Leben ohne Besitz und materielle Reichtümer führt und dass diese Menschen ein extrem durchdachtes System besitzen, in der australischen Wüste zu überleben.

Der Reichtum der Aborigines sind ihre Geschichten, ihr Wissen, der Zusammenhalt und die feste Bindung an die Gemeinschaft. Eine andere Kultur vorzustellen und dabei die Bereiche hervorzuheben, die für Kinder unserer Gesellschaft besonders befremdlich sein könnten, stand für mich im Vordergrund, um gerade Kinder auf diese Weise anzuregen, die Werte unseres eigenen Lebensstils zu hinterfragen. Unsere Wertvorstellungen und Denkmuster sind davon abhängig, wo wir aufgewachsen sind – eine absolute Wirklichkeit gibt es nicht. Dies zu veranschaulichen ist besonders wichtig in einer Zeit wie dieser, in der Fremdenfeindlichkeit und Intoleranz in unserer Gesellschaft an der Tagesordnung sind.

Die Kultur der Aborigines macht den Schwerpunkt dieses Buches aus. Aus diesem Grund beschäftigt sich nur ein Kapitel mit den weißen Einwanderern. Ich möchte in diesem Zusammenhang darauf hinweisen, dass ich mit der Bezeichnung 'Australier' stets diejenigen Menschen meine, die heute in Australien leben und deren Vorfahren aus Europa eingewandert sind. Die australischen UreinwohnerInnen nenne ich Aborigines oder verwende nach Möglichkeit ihren Eigennamen.

Die Geschichten der Aborigines führen uns entlang der Pfade, die einst die Traumzeitwesen in der Traumzeit gegangen sind. Wir begleiten in diesem Buch das wilde Honigwesen Djarrewarre in das Land vom wilden Honig, gehen die Route der Teppischschlangen bis zu dem Ort, an dem die Honigameise gewirkt hat. Die Traumpfade führen uns auch dorthin, wo der Eidechsenmann seinen Bumerang verloren hat und die hungrigen Riesen die ersten Menschen verspeist haben. Ebenso werden wir den Wondjinas begegnen, die auf dem Grund der Wasserlöcher die Seelen der Kinder schaffen. Und wir kommen zu den Felsen, in denen die kleinen scheuen Mimigeister leben.

In den Vorlesegeschichten begleiten wir das Mädchen Rosie bei ihrem Besuch in einem Dorf der Aborigines, in dem ihre

Großeltern leben. Rosie kommt aus der Großstadt Sydney. Im Laufe ihrer Ferien lernt sie die Kultur und das Leben der Aborigines kennen und setzt sich dabei mit ihrer eigenen Herkunft auseinander.

Die in diesem Buch zusammengestellten authentischen Spiele der Aborigines sind ohne viel Vorbereitung und Material umzusetzen. Die Materialien sind meistens Sand, Wasser, Steine, Holz und Gräser. Die Spiele, die die Aborigineskinder spielen, bereiten sie auf ein Leben in ihrer Umgebung vor. Sie üben damit Geschicklichkeit, Schnelligkeit, Konzentration, die eigene Vorstellungskraft und vor allem die Beziehungen untereinander in einer Gruppe.

Bei den Recherchen zu diesem Buch sah ich mich mit einem besonderen Problem konfrontiert, das ich nicht unerwähnt lassen möchte. Viele Geschichten, Lieder, Tänze, Gesänge und Bilder der Aborigines sind geheim.

Das vollständige Wissen über die eigene Herkunft und Umwelt erlangt ein Aboriginal in vielen Etappen erst zum Ende seines Lebens. Die Kinder der Aborigines werden erst nach der Pubertät, und der damit einhergehenden Initiation, langsam an das Wissen herangeführt.

Viele dieser Lieder, Bilder und Geschichten müssen die Aborigines auch vor Weißen geheim halten. Schlimm genug ist die Tatsache, dass noch immer sakrale Gegenstände der Aborigines in europäischen Museen ausgestellt sind, und man in unsensiblen Reisebüchern so manche Abbildungen findet, die ebenfalls nicht für unsere Augen bestimmt sind.

Gerade im Rahmen eines Kinderbuches stellt sich ebenso die Frage, dass zwar bestimmtes geheimes Wissen noch für uns Erwachsene zugänglich gemacht werden darf – aber was dürfen die Kinder wissen? Ich habe Rosie aus diesem Grund ein wenig älter gemacht als die Kinder, für die die Spiele und Geschichten in diesem Buch gedacht sind. Sie ist nämlich schon elf. Somit ist Rosie in einem Alter, in dem sie initiiert und langsam an die Geheimnisse der Aborigineskultur herangeführt würde. Ich nenne außerdem in diesem Buch nur die Geschichten und Bereiche, die nicht geheim sind.

Zu guter Letzt möchte ich mich ganz herzlich bedanken bei Frau Martina Kroth, die dieses Buch lektoriert hat, bei Frau Ina Tautorat vom museumspädagogischen Dienst im Junior Museum Berlin, bei dem Sprachwissenschaftler Herrn Ingo Mittendorf und den Bibliotheksmitarbeiterinnen des musikwissenschaftlichen Institutes in Marburg für die freundliche Hilfe bei der Quellensuche, sowie bei der Pädagogin Frau Carmen Krzis für die mir zur Verfügung gestellten spielpädagogischen Materialien.

Mein besonderer Dank gilt meinem Mann Andreas Müller für Kritik und Anregungen und vor allem für die organisatorische Unterstützung in den letzten Wochen vor Fertigstellung des Buches.

*Miriam Schultze*

# Auf der anderen Seite der Erde

Unsere Erde besteht aus den Ozeanen und aus fünf großen zusammenhängenden Landmassen. Diese Landmassen nennt man Kontinente; das lateinische Wort *continens* bedeutet nämlich übersetzt *zusammenhängend*. Kontinente haben zwar große Ähnlichkeit mit Inseln, sie sind aber um einiges größer. Die fünf Kontinente heißen Eurasien, Afrika, Amerika, Antarktika und Australien. Australien ist der kleinste Kontinent. Da wir Europäer auf der Nordhalbkugel leben, liegt Australien von uns aus gesehen genau auf der anderen Seite der Erde, nämlich auf der Südhalbkugel.

Zu Australien gehören noch einige kleine vorgelagerte Inseln und die Nachbarinsel Tasmanien. Die Hauptstadt Australiens heißt Canberra, aber bekannter ist die Stadt Sydney, weil Sydney die älteste und größte Stadt in Australien ist. In Sydney leben über drei Millionen Menschen. Die meisten australischen Städte liegen an den Küsten und sind Hafenstädte, und dort leben auch die meisten Menschen. Im Norden befindet sich die Stadt Darwin, an der Westküste die Stadt Perth und an der südöstlichen Küste die Städte Adelaide, Melbourne, Canberra, Sydney und Brisbane. Das Landesinnere nennen die Australier *Outback*. Outback ist ein englisches Wort und heißt *Hinterland*. Im Outback leben nur wenige Menschen, obwohl dort genug Platz für eine Menge Australier wäre. Aber das Leben im Outback ist einsam. Es gibt im Outback keine Städte und über viele Hunderte von Kilometern führt oft nur eine einzige Straße. Die abgeschie-densten Gegenden im Outback werden von den Australiern *Never Never* genannt. Das heißt so viel wie *Auf gar keinen Fall*. Wir können uns denken, dass eine Gegend nicht nur deshalb so genannt wird, weil dort nichts los ist. Es ist vor allem äußerst gefährlich, in einer solchen Abgeschiedenheit ums Überleben kämpfen zu müssen, wenn man sich dort nicht auskennt und auf die lauernden Gefahren nicht vorbereitet ist.

Weil Australien von uns so weit entfernt ist, ist es für viele von uns ein geheimnisvolles fremdes Land. Die Australier wohnen übrigens noch gar nicht so lange in Australien, eigentlich erst seit 200 Jahren. Die weißen Australier sind nämlich Europäer, die nach Australien ausgewandert sind oder deren Vorfahren aus Europa kamen. Nahezu 94 Prozent der Menschen, die heute auf dem Kontinent leben, stammen ursprünglich aus Europa. Viele von ihnen kommen aus Italien und den Niederlanden. Der größte Teil von ihnen aber hat britische oder irische Vorfahren. Aus diesem Grund ist Englisch die offizielle Landessprache in Australien. Die ersten dort eintreffenden Europäer teilten Australien in sechs Kolonien ein, die heute die sechs Bundesstaaten sind: Neusüdwales, Queensland, Südaustralien, Tasmanien, Victoria und Westaustralien. Diese Bundesstaaten bilden zusammen mit den beiden Gebieten Nordterritorium und dem Hauptstadtterritorium das *Common Wealth*, den Staatenbund von Australien. Heute ist die australische Gesellschaft von Menschen unterschiedlichster Kulturen geprägt, denn nicht nur aus Europa, sondern auch aus Asien und dem Nahen Osten sind Menschen nach Australien gekommen und haben sich dort niedergelassen. Australien war aber keineswegs unbesiedelt, bevor die Einwanderer kamen.

Die Aborigines, die ursprünglichen Bewohner Australiens, machen heute nur noch 1,5 Prozent der australischen Bevölkerung aus, da vor vielen Jahren die Einwanderer sie aus ihren Gebieten verdrängten.

# Warum in Australien die Sonne aufgeht, wenn es bei uns Nacht ist

*Wenn in Europa Tag ist, dann ist es in Australien Nacht, und wenn es hier Sommer ist, dann ist es dort Winter und umgekehrt. Dass auch die Jahreszeiten in Australien andersherum sind, hängt mit der Neigung der Erdachse zusammen. Weil die Erdachse schräg steht, kann das Sonnenlicht auf die eine Hälfte der Erde gerade einfallen. Dort ist es dann Sommer – aber eben nur auf dieser einen Hälfte der Erde. Auf der gegenüberliegenden Seite fällt das Sonnenlicht zur selben Zeit schräg ein und besitzt deshalb nicht die gleiche wärmende Kraft. Dort ist es dann also Winter.*

**Material:** Ball, Taschenlampe, Filzstift
**Alter:** ab 4 Jahren

Der Ball stellt die Erde dar und die leuchtende Taschenlampe die Sonne. Mit dem Filzstift einen Punkt auf dem Ball markieren. Dieser Punkt symbolisiert den Ort auf der Erde, an dem sich die SpielerInnen befinden. Genau auf der gegenüberliegenden Seite dieses Punktes, also auf der anderen Seite des Balles, einen weiteren Punkt markieren; dort befindet sich Australien. Ein Kind hält den Ball fest, während ein anderes Kind mit der Taschenlampe auf den Ort leuchtet, der für den Standort der SpielerInnen steht. Da scheint die Sonne und es ist Tag. Australien auf der gegenüberliegenden Seite liegt im Schatten, denn die Strahlen der Sonne kommen dort nicht hin; es ist Nacht. Wenn die Erde um die Sonne wandert, indem das Kind mit der Taschenlampe stillsteht und das Kind mit dem Ball diesen langsam dreht, verändert sich an beiden Punkten die Tageszeit.

# Warum die Australier nicht von der Erde purzeln

*Unsere Vorfahren hatten ziemlich verrückte Vorstellungen davon, wie wohl das Leben auf der Südhalbkugel sein könnte. Sie dachten, dass die Erde eine Scheibe sei und man auf der anderen Seite der Erde gar nicht leben könne, da man dort entweder mit dem Kopf nach unten hängen oder einfach von der Erde herunterpurzeln würde. Die Australier werden, wie auch ihre Nachbarn auf Neuseeland, häufig Antipoden genannt. Dieses griechische Wort heißt übersetzt Gegenfüßler. Die Bezeichnung Antipoden für Menschen, die auf der anderen Seite der Erde leben, drückt unsere Sichtweise aus, da von uns aus betrachtet auf der Südhalbkugel eben einiges anders herum ist. Dass die Australier nicht von der Erde purzeln oder gar auf dem Kopf stehen, hat mit der Erdanziehungskraft zu tun, die wie ein Magnet wirkt. Die Menschen, die auf der unteren Hälfte der Erde leben, werden von der Erdanziehungskraft genauso sicher auf dem Erdball gehalten wie die Menschen auf der oberen Hälfte. Übrigens bewirkt die Erdanziehungskraft auch, dass alle Gegenstände auf den Boden fallen, egal auf welchem Fleck der Erde wir uns gerade befinden.*

**Material:** runder Magnet (gibt es in Eisenwarengeschäften, aber ein Kühlschrankmagnet tut es auch), kleine Gegenstände aus Metall wie z.B. Haarklammern oder Büroklammern
**Alter:** ab 4 Jahren

Die SpielerInnen nehmen einen runden Magneten und versuchen damit Haarklammern und Büroklammern anzuziehen. Die Gegenstände bleiben auf der oberen Seite des Magneten genauso haften wie auf der unteren Seite. So verhält es sich auch mit der Erdanziehungskraft.

# Anders herum

*Seit der Antike hegten die Europäer alle möglichen Fantasien darüber, wie wohl die Menschen auf der anderen Seite der Erde aussehen würden. Unsere Vorfahren stellten sich Menschen vor, denen die Füße am Kopf festgewachsen waren. Aber sie befürchteten auch, dass vielleicht grässliche Monster, Fabelwesen oder lauter kleine Zwerge auf der anderen Seite der Erde leben könnten. Wer hat sich nicht schon einmal vorgestellt, einfach ein tiefes Loch in die Erde graben zu müssen, um dann irgendwann in Australien herauszukommen und dort auf Menschen zu treffen, die alle auf dem Kopf stehen?*

**Material:** Papier, Buntstifte oder Wasserfarben, eventuell alte Zeitschriften, Schere, Klebstoff
**Alter:** ab 6 Jahren

Die Spielleitung spricht mit den Kindern über ein Fantasieland, in dem alles anders herum ist.

Die Bewohner dieses Landes gehen rückwärts und sagen „Gat Netug!" statt „Guten Tag!"; dort sind die Kinder groß und die Erwachsenen klein. Gemeinsam überlegt die Gruppe, wie das Leben wäre, wenn wirklich einmal alles anders herum geschehen würde. Wie wäre das, wenn Autos und Straßenbahnen am Himmel hingen oder die Kinder auf die Erwachsenen aufpassen müssten? Wie wäre das, wenn wir abends aufstehen und morgens ins Bett gehen müssten?
Jedes Kind fertigt auf dem Papier mit Buntstiften oder Wasserfarben ein Bild von einem lustigen Fantasiewesen und seiner Welt an. Aus alten Zeitschriften lassen sich mit Hilfe von Schere und Klebstoff bunte Collagen machen; dabei können die Kinder ihrer Fantasie freien Lauf lassen.

# Das Klima in Australien: Wüstensteppe und tropische Regenwälder

In Australien gibt es kein einheitliches Klima. Australien, der trockenste aller Kontinente, hat zum einen eine riesige Wüstensteppe, in der nur wenige Pflanzen wachsen können. Zum anderen gibt es tropische Regenwälder mit üppiger und vielfältiger Vegetation: Viele ausgefallene, bunte Pflanzen wachsen dort. Ebenso gegensätzlich und extrem ist das Wetter in Australien. Sintflutartige Regenfälle wechseln sich ab mit Zeiten, die geprägt sind von Hitze, Trockenheit und Dürre. Das Wetter ist im Norden Australiens auch ganz anders als im Süden. Klimaforscher unterteilen den fünften Kontinent in drei verschiedene Klimazonen. Die *tropische Zone* zieht sich an der nördlichen Küste entlang. Laubbäume, Palmen und Farn wachsen in diesem Teil Australiens in großer Menge. An der nordöstlichen Küste befinden sich Regenwälder. Das Klima in der tropischen Zone ist meist schwül und feucht und im Sommer regnet es sehr oft. Übrigens dauert der Sommer im Norden Australiens nur von Februar bis März.

Die so genannte *gemäßigte Zone* erstreckt sich entlang der Südostküste bis zur nördlichen Ostküste Australiens. Auch Tasmanien liegt in der gemäßigten Zone, in der das Wetter in der Regel warm, aber nicht zu heiß ist. Unter diesen weniger extremen klimatischen Bedingungen können besonders gut Eukalyptusbäume wachsen. In dieser Gegend gibt es einige Hundert verschiedene Sorten von Eukalyptusbäumen, die bis zu 90 Meter hoch werden können. Berühmt ist dieser Teil von Australien auch für seine über 500 verschiedenen Arten von Akazienbäumen. Der kälteste Monat im Jahr ist hier der Juli und der wärmste Monat der Januar.

Der mittlere Teil Australiens und der Westen wird von der *Trockenzone* bedeckt. In diesem Gebiet ist es so trocken, dass es nur Buschsteppen gibt, in denen nicht viel mehr als Buschsträucher und Gräser wachsen. In vielen Teilen im Inneren Australiens wächst so gut wie gar nichts. Tagsüber klettern hier die Temperaturen in der Regel auf über 30 Grad Celsius, aber nachts kann es dann wieder ziemlich kalt werden. Im ganzen Süden von Australien kommt es übrigens immer wieder vor, dass es plötzlich ganz heiß wird und das Land von Dürreperioden betroffen ist. Dann besteht die Gefahr von Waldbränden. Ebenso häufig passiert es, dass es in den südlichen Teilen Australiens Überschwemmungen gibt. Wir können uns vorstellen, dass das Leben in einem Land mit solchen Gegensätzen den Menschen, die dort zu Hause sind, ein hohes Maß an Anpassung an die Natur abverlangt.

Eukalyptusbaum

10

KLIMAZONEN UND VEGETATION
IN AUSTRALIEN

Trockensavanne
Grasland, Dornbuschsavanne

Wüste und Halbwüste

Tropischer und sub-
tropischer Regenwald

Feuchtsavanne

DARWIN

Nasse Sommer, Trockene

Tropische Zone

Winter

Sommerregen

südlicher          Wendekreis

ALICE SPRINGS          Nasse Som

Trockene Sommer          relativ trockene
relativ trockene Winter          Winter

Trockenzone          Passate

Winterregen          BRISBANE

PERTH          Gemäßigte

Nasse Winter          Zone
trockene Sommer

ADELAIDE          SYDNEY

Ganzjährig Niederschläge          CANBERRA

MELBOURNE

Westwinde

HOBART

Mediterrane Vegetation

Wälder der
gemäßigten Zone

Subtropische
Feuchtwälder

# Draußen im Busch

T. & M.: Pit Budde

nach australischen Tiergeschichten

Ganada, die kleine Echse
Rennt herum, gibt keine Ruh
Sie hat viel Mut, sie ist sehr schlau
Und winkt dir manchmal zu

Hey Känguru, wie geht es dir?
Heißt du Marlu oder Gabarul
Sag doch liebes Känguru
Geht's dir gut? How do you do?

**Refrain:**
Ja, draußen im Busch
Da ist es schön
Da kannst du viele Tiere sehn
Draußen im Busch
Da ist es schön
Da kannst du viele Tiere sehn

Wangkaja. Mangrovenkrabbe
Ja, ihr Fleisch, das schmeckt so gut
Versteckt sich gern im nassen Sand
Oder unter deinem Fuß

Emu, Emu, bleib doch stehn
Spiel mit uns und lauf nicht fort
Wir tun dir bestimmt nicht weh
Spiel mit uns und lauf nicht fort

**Refrain:** Ja, draußen im Busch...

Links und rechts und links und rechts
Sucht es auf dem Weg sein Glück
Jiribuga das Stachelschwein
Schaut nach vorn und nie zurück

Barni heißt der Sandwaran
Lebt versteckt den ganzen Tag
Sehen kannst du ihn doch nur
Nach dem ersten Donnerschlag

**Refrain:** Ja, draußen im Busch...

# Wie riecht Australien?

*Wer schon einmal in einem anderen Land war, weiß, dass Länder ganz unterschiedlich riechen können. Das hängt von den dort wachsenden Pflanzen, von der Beschaffenheit der Erde und vom Wetter ab. In Australien gibt es sowohl Wüste als auch tropischen Regenwald. Die Unterschiede der Klimazonen in Australien lassen sich Kindern besonders eindrucksvoll über Schnupperkartons vermitteln, die Pflanzen und Düfte der jeweiligen Zonen enthalten.*

**Material:** drei Kartons, Filzstift, eventuell buntes Papier und Klebestift, Pflanzen und Düfte (siehe Beschreibung)
**Alter:** ab 6 Jahren

In jeden der drei Kartons kommen die Gerüche einer der drei Klimazonen Australiens. Auf einen Karton schreiben die Kinder *Wüstensteppe*, auf den zweiten Karton *Regenwald* und auf den dritten Karton *gemäßigte Zone*. Wer Lust hat, kann die Kartons bunt bemalen oder bekleben. Pflanzen und Düfte sammeln, die für jede Klimazone typisch sind:

Den Karton der *Wüstensteppe* mit Sand füllen, ein paar Steine hinein legen und ein paar Gräser und Zweige von kleinen Sträuchern.
Im australischen *Regenwald* wachsen viele Laubbäume, daher kommen in den Regenwaldkarton Blätter von Birken, Eichen, Eschen und Nadeln von Kiefern und Zedern. Die Kinder können auch frisches Holz hineinlegen. Weil es im Regenwald feucht und schwül ist, die Blätter ein bisschen nass machen, bevor sie in den Karton gelegt werden.
In den Karton der *gemäßigten* Zone kommen Hustenbonbons mit Eukalyptus, Akazienhonig, Zitronenmelisse, Weintrauben und Getreidestängel hinein.
Die Kartons schließen und ein paar Löcher in die Deckel machen. Jetzt können die Kinder an den Deckeln riechen. Wer erkennt die Klimazonen mit geschlossenen Augen am Geruch? Die Kinder raten, um welche Gerüche es sich handelt, und beschreiben sich gegenseitig die Gerüche: süßlich, blumig, holzig, minzig, streng, faulig...

# Im Sand versteckt!

*Australien besteht zu zwei Dritteln aus Wüste. Die riesige Wüstensteppe, die wegen ihres roten Sandes das rote Herz von Australien genannt wird, befindet sich im mittleren Westen des Kontinents und ist Teil der Trockenzone.*

*Die Kinder der Ureinwohner, die hier leben, nutzen den Sand für ihre Spiele. Weil sie den ganzen Tag im Sand spielen, ist ihre Haut immer von einer Sandschicht überzogen. Viele Kinder aus dieser Gegend leiden zudem an Husten, weil sie dauernd den trockenen Sand einatmen.*

*Das folgende Spiel mögen die Kinder der australischen Ureinwohner besonders gerne. Vor allem am Strand oder in einem größeren Sandkasten ist dieses Spiel gut durchzuführen.*

**Material:** sandiger Untergrund, Stock, Streichholz, Grashalme
**Alter:** ab 5 Jahren (mit Variante)

Die Kinder zeichnen mit einem Stock einen Kreis in den Sand. Der Kreis sollte ruhig einen Meter Durchmesser haben und der Sand sollte locker und nicht feucht sein. Alle Kinder setzen sich um den Kreis herum. Während die anderen Kinder wegschauen, darf jetzt ein Kind ein Streichholz an irgendeine Stelle in den Kreis legen und Sand darüberpusten. Das Streichholz soll nicht eingegraben, sondern nur eben vom Sand bedeckt sein. Die Kinder halten die Grashalme in der Hand und benutzen sie wie eine Rute, um damit das Streichholz zu ertasten. Jedes Kind hat drei Versuche. Das Kind, das das Streichholz versteckt hat, bekommt einen Punkt, wenn die anderen das Streichholz nicht finden. Hat jedoch eines der Kinder das Streichholz mit seinem Grashalm ertastet, darf es das Streichholz in der nächsten Runde verstecken.

**Variante:** Wenn kein Strandurlaub ansteht und ein Sandkasten fehlt, eine Tüte Vogelsand aus dem Tiergeschäft kaufen. Den Sand in eine Schüssel füllen und darin das Streichholz verstecken. Übrigens verstecken die Aborigines nur den abgebrochenen Streichholzkopf. Der ist nämlich noch viel schwieriger zu finden!

# Spuren im Sand

**Material:** sandiger Untergrund
**Alter:** ab 3 Jahren

Eine geschlängelte Linie in den Sand malen und der Reihe nach versuchen mit geschlossenen Augen darüber zu laufen. Nachher verraten die Fußabdrücke, wer die Linie verfehlt hat!

# Slip! Slop! Slap! Wrap!

Die heiße Sonne ist für die Menschen, die in Australien leben, zu einem Problem geworden. Gefährliche UV-Strahlen der Sonne verbrennen die Haut und führen zu Hautkrebs. *Between eleven and three slip under a tree – zwischen 11 Uhr und 3 Uhr schlüpfe unter einen Baum* heißen die Aufrufe der australischen Regierung an die Bevölkerung. Sprüche wie *Me no fry – ich lass mich nicht braten* stehen auf Plakatwänden. *Slip! Slop! Slap! Wrap!* heißt so viel wie *zieh dir etwas an, creme dich mit Sonnenmilch ein und setze einen Hut und eine Sonnenbrille auf, wenn du nach draußen gehst!* Mit diesen Sprüchen sollen die Menschen in Australien vor zuviel Sonne gewarnt werden.

Der Grund, warum die Sonne gerade für die Australier so gefährlich geworden ist, ist das immer größer werdende Ozonloch. Im Jahre 1984 hatten Wissenschaftler bemerkt, dass über der Antarktis ein Ozonloch entstanden war, das fast dreimal so groß wie Australien war und bis dorthin reichte. Wir müssen uns das Problem so vorstellen: Ungefähr 30 bis 40 Kilometer über der Erdoberfläche befindet sich die Ozonschicht. Ozon ist ein Gas, das durch die Verbindung von Sonnenstrahlen und Sauerstoff entsteht. Das war schon vor vielen Millionen Jahren so. Wäre eine solche Ozonschicht direkt auf der Erde, würde das für uns Menschen lebensbedrohlich sein, aber in dieser Höhe schützt uns die Ozonschicht vor den ultravioletten Strahlen der Sonne, die man auch abgekürzt UV-Strahlen nennt. Einige chemische Gase, die in Haarsprays und Kühlschranken benutzt werden, zerstören die Ozonschicht. Diese Gase wurden inzwischen in einigen Ländern verboten. Leider ist aber durch die jahrelange weltweite Verwendung dieser Gase schon längst ein riesiges Loch in der Ozonschicht entstanden. Die Menschen in Australien sind davon besonders betroffen. Ihre einzige Möglichkeit, sich vor den UV-Strahlen zu schützen, besteht darin, die Sonne zu meiden.

## Australischer Sonnenhut

*Australische Schulkinder dürfen während der Schulpausen nur mit einem Sonnenhut nach draußen oder müssen im Schatten der Bäume spielen. Um sich vor der heißen und vor allem gefährlichen Sonne zu schützen, lassen sich die Australier so einiges einfallen. Manche Australier legen sich kühle Blätter eines Weißkohls auf den Kopf, die sie unter ein Stirnband klemmen. Das ist bei großer Hitze besonders angenehm. Die australischen Farmer haben sogar einen Sonnenhut erfunden, der gleichzeitig vor einem Sonnenstich und vor lästigen Insekten schützt. Dafür befestigen sie an der Krempe ihres Hutes Korken, die an Fäden baumeln. Durch die ständige Bewegung der Korken bleiben die Fliegen und andere Insekten fern.*

**Material:** Wolle oder Kordel, Schere, 18 Korken, Wollnadel, einen alten Hut mit Krempe
**Alter:** ab 6 Jahren

Zunächst 18 gleichlange Wollfäden schneiden. Die Länge der Fäden sollte ungefähr 10 cm betragen. Ein Ende eines Wollfadens um einen Korken wickeln und festknoten, so dass der Korken nun am Wollfaden baumelt. Dasselbe mit allen Fäden und Korken machen. Anschließend mit der Nadel 18 gleichmäßig verteilte Löcher in die Hutkrempe stechen. Dabei darauf achten, dass die Löcher nicht zu dicht am Rand liegen; sie könnten sonst ausreißen. Das andere Ende der Wollfäden durch die Löcher ziehen und verknoten. Fertig ist der Sonnenhut mit Insektenschutz!

SONNENSCHIRMTIER

HIER
UMKNICKEN

# Sonnenschirmtiere

*Diese Sonnenschirme schützen zwar nicht vor einem Sonnenstich, jedoch die Augen vor grellem Sonnenlicht.*

**Material:** bunter fester Karton, Bleistift, Schere, nach Bedarf Buntpapier und Buntstifte, Nadel, Hutgummi
**Alter:** ab 4 Jahren (mit Hilfe)

Auf einem bunten Karton mit Bleistift einen halbmondförmigen Schirm aufmalen. In der Mitte auf der oberen Linie des Schirmes ein beliebiges Tiergesicht aufmalen, das an der Halslinie mit dem Schirm verbunden bleibt. Die Schirme mitsamt den Tiergesichtern ausschneiden. Das Tiergesicht an der Halslinie umknicken. Die Kinder können die Tiergesichter bemalen oder mit Buntpapier bekleben. Die notwendige Länge des Hutgummis am Kopf des jeweiligen Kindes ausmessen. In die beiden Enden des Schirms jeweils ein Loch durchstechen und das Hutgummi durchziehen. Noch die Enden des Gummis verknoten und den Schirm auf den Kopf setzen!

# Die Tierwelt Australiens

So unterschiedlich das Wetter und die Temperaturen in den verschiedenen Landesteilen Australiens sind, so unterschiedlich sind auch die Pflanzen und Tiere. In Australien leben so viele verschiedene Tierarten, dass nur ein kleiner Teil von ihnen bislang erforscht wurde. Säugetiere, Reptilien, Süßwasserfische, Schnabeltiere und Beuteltiere sind die bekanntesten Tierarten in Australien. Viele der Tiere, die in Australien leben, gibt es in keinem anderen Land auf der Welt und viele gab es schon vor Tausenden von Jahren.

Der australische Lungenfisch ist eines der ausgefallensten und ältesten Tiere Australiens. Wie sein Name schon sagt, ist das Besondere am Lungenfisch, dass er nicht wie andere Fische über Kiemen, sondern über Lungen atmet. Weil es den Lungenfisch auch schon vor vielen Tausend Jahren gab, wird er als lebendiges Fossil bezeichnet.

In Australien gibt es außerdem ein flauschiges Tier mit einem Entenschnabel und einem Biberschwanz, das Eier legt und trotzdem seine Babys säugen kann: Das australische Schnabeltier ist das einzige Säugetier auf der Welt, das seine Babys nicht im Bauch austrägt, sondern in Eiern ausbrütet.

Denken wir an Australien, dann denken die meisten von uns sofort an eines der berühmtesten australischen Tiere, nämlich an den Koala. Der in Europa so beliebte Teddybär ist übrigens dem Koala nachempfunden. Auch wenn der Koala oft Koalabär genannt wird, ist er in Wirklichkeit gar kein Bär. Koalas gehören nämlich zur Gruppe der Beuteltiere. Das heißt, dass die Koalamütter ihre Babys nach der Geburt in einem Beutel am Bauch tragen. Beuteltiere gibt es übrigens nur in Australien, Neu-

guinea und Tasmanien. In Australien leben neben den Koalas über 150 verschiedene Arten von Beuteltieren, darunter ganz kleine Beuteltiere wie beispielsweise der Ameisenbeutler und die Zwergbeutelratte, aber auch ganz große Beuteltiere wie das Känguru.

Koalas sind ziemlich faul. Fast den ganzen Tag lang schlafen sie und wachen erst auf, wenn die Sonne untergeht und es Nacht wird. Aber auch dann bewegen sie sich nicht viel. Die meiste Zeit hocken die Koalas in einem Baum. Für Koalas ist es sehr wichtig, dass dieser Baum nicht irgendein Baum ist. Es muss unbedingt ein Eukalyptusbaum sein. Koalas gibt es nur im Osten Australiens, wo die riesigen Eukalyptuswälder sind, denn Koalas fressen nur Eukalyptusblätter und sonst nichts anderes. Fast ein ganzes Kilogramm Eukalyptusblätter frisst so ein kleiner Koala an einem einzigen Tag.

Die einzige Zeit, in der die Koalas ihre Bäume verlassen und plötzlich munter werden, ist im September. Dann nämlich gehen die männlichen Koalas auf die Suche nach einer Partnerin, mit der sie ein Baby bekommen möchten. Um auf sich aufmerksam zu machen, kreischen die Koalamännchen so laut, dass sie kilometerweit zu hören sind. Wenn eine Koalafrau ein Baby erwartet, dann dauert es nur etwa einen Monat, bis das Baby auf die Welt kommt. Nach der Geburt klettert das Baby sofort in den Beutel der Mutter. Während der nächsten Monate trinkt es dort an den Zitzen und bekommt Eukalyptusbrei aus dem Blinddarm der Mutter. Im Beutel seiner Mutter bleibt das Koalababy ungefähr sieben Monate lang, danach wird das Koalababy auf dem Rücken transportiert. Schon nach einem Jahr ist ein Koalababy erwachsen und geht seine eigenen Wege. Koalas werden ziemlich alt, nämlich ungefähr 15 Jahre. Früher wurden die Koalas wegen ihres flauschigen Pelzes gejagt. Inzwischen ist das Jagen von Koalas in Australien streng verboten, denn leider sind die Koalas vom Aussterben bedroht. Das liegt zum einen daran, dass viele Koalas in Australien nicht mehr in den Eukalyptuswäldern leben können, weil die Wälder abgeholzt wurden. Viele Koalas leben nun in Botanischen Gärten oder in Zoos, wo sie sich nicht so richtig wohl fühlen wie in der Natur. Aber das Leben in der Natur ist für Koalas auch gefährlich, da die Koalas eben ziemlich träge und langsam sind. Viele Koalas werden von Dingos, den frei lebenden australischen Hunden, gefressen.

KOALA

18

# Der Koala ist kein Bär

11
M.: Pit Budde
T.: Josephine Kronfli, Pit Budde

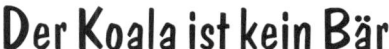

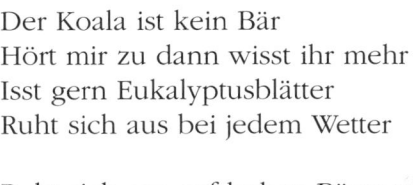

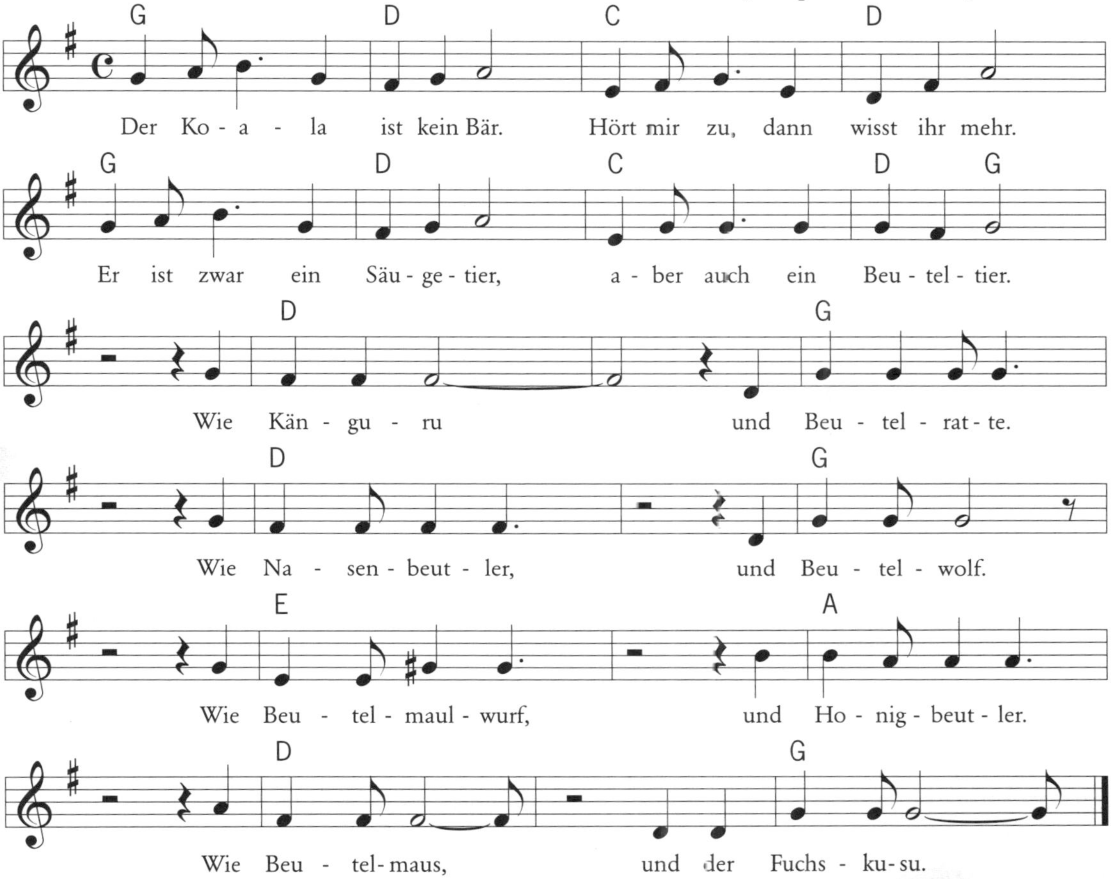

G D C D
Der Ko - a - la ist kein Bär. Hört mir zu, dann wisst ihr mehr.
G D C D G
Er ist zwar ein Säu - ge - tier, a - ber auch ein Beu - tel - tier.
D G
Wie Kän - gu - ru und Beu - tel - rat - te.
D G
Wie Na - sen - beut - ler, und Beu - tel - wolf.
E A
Wie Beu - tel - maul - wurf, und Ho - nig - beut - ler.
D G
Wie Beu - tel - maus, und der Fuchs - ku - su.

Der Koala ist kein Bär
Hört mir zu dann wisst ihr mehr
Isst gern Eukalyptusblätter
Ruht sich aus bei jedem Wetter

Ruht sich aus auf hohen Bäumen
Sieht so aus als würd` er träumen
Hält sich fest mit großen Krallen
Und wird nie von den Bäumen fallen

Der Koala ist kein Bär
Hört mir zu dann wisst ihr mehr
Sieht aus wie mein Teddybär
Trägt sein Baby hin und her

Er lebt nicht in Afrika
In China und Amerika
Er wohnt auch nicht in Spanien
Er lebt nur in Australien

Der Koala ist kein Bär...

SCHNABELTIER
LUNGENFISCH

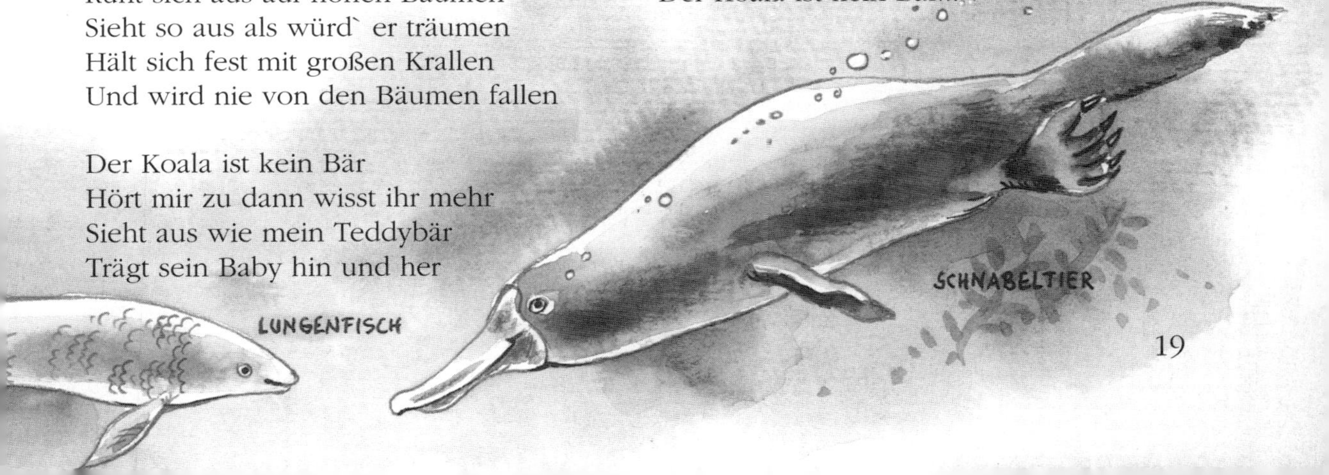

# Tierquartett

*Um die vielen verschiedenen Tierarten, die es in Australien gibt, besser kennen zu lernen, können die Kinder ein Tierquartett basteln. Ein Quartett ist ein Kartenspiel, bei dem immer vier Karten zusammengehören. Für das australische Tierquartett brauchen die SpielerInnen immer vier Tiere, die eine Gemeinsamkeit haben. Das gemeinsame Merkmal von Kängurus, Koalas, Bilbys und Wombats wäre zum Beispiel, dass sie alle Beuteltiere sind.*

**Material:** Papier, Buntstifte, Schere, Karton, Klebestift
**Alter:** ab 5 Jahren

Zunächst legt die Spielleitung mit den Kindern fest, welche Tiere sie in das Quartett aufnehmen wollen. Die Kopiervorlage kann eine Hilfe für all diejenigen sein, die Vorschläge benötigen. Die unterschiedlichen Tiere mit den Buntstiften auf Papier aufmalen oder die Vorlage kopieren (vergrößern!) und ausschneiden. Aus dem Karton so viele gleichgroße Karten ausschneiden wie Tiere vorhanden sind. Die ausgeschnittenen Tiere auf die Karten kleben. Wer Lust hat, kann die Karten einer Tierserie in einer einheitlichen Farbe verzieren: zum Beispiel den Rand der Karten der Wassertiere blau anmalen und die Karten der Kribbel-Krabbel-Tiere gelb. Die Rückseiten der Karten müssen jedoch alle gleich sein, damit niemand beim Spielen schummeln kann.

So ein Tierquartett mit den australischen Tieren könnte folgendermaßen aussehen:

**Beuteltiere:**
Känguru – Wombat – Koala – Bilby;

**Vögel:**
Emu – Kakadu – Albatross – Kookaburra;

**Kribbel-Krabbel-Tiere:**
Honigameise – Feuerfliege – Trichternetzspinne – Erdwurm;

**importierte Tiere:**
Kaninchen – Kamel – Schaf – Dingo;

**Wassertiere:**
Lungenfisch – Birnschnecke – Schnabeltier – Gabelschwanzseekuh;

**Echsen:**
Gecko – Riesenwaran – Tigerotter, Schwarzotter.

Bis zu vier Kinder können das Quartett zusammen spielen. Alle Karten mischen. Jedes Kind erhält vier Karten, dabei sollen die anderen Kinder nicht sehen können, um welche Karten es sich handelt. Die restlichen Karten kommen auf einen Stapel in der Mitte.
Das erste Kind zieht eine Karte bei einem anderen Kind seiner Wahl. Hat das Kind eine Serie, also vier zusammengehörige Karten, darf es diese für die anderen sichtbar ablegen. Für die fehlenden Karten zieht es nun von dem Stapel in der Mitte so viele Karten, bis es wieder vier Karten hat. Kann das Kind keine Karten ablegen, ist das Nachbarkind dran. Das Kind mit den meisten Serien darf für die nächste Runde die Karten mischen.

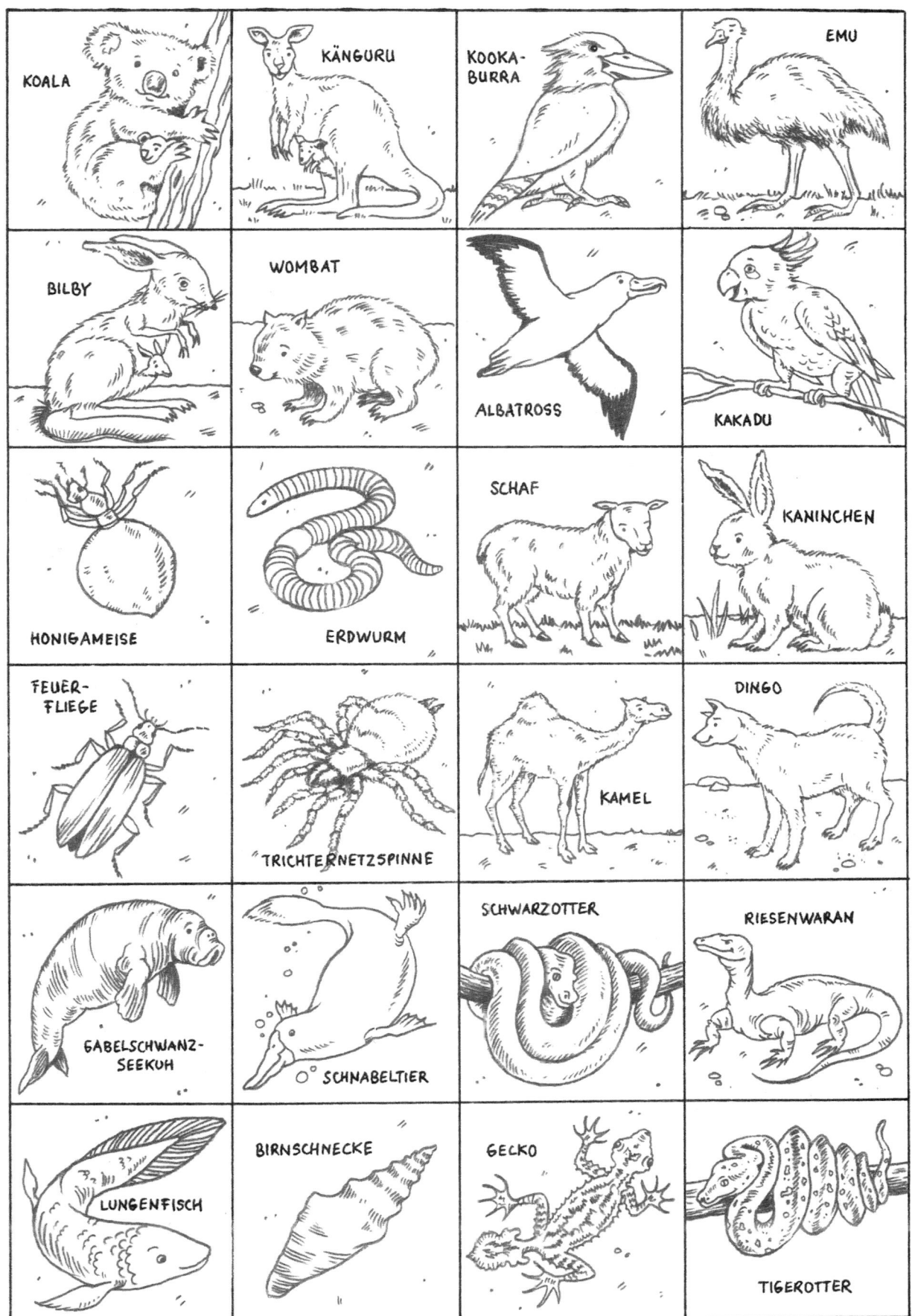

# Känguru, Dingo und Emu laufen um die Wette

*Ein australisches Känguru hüpft mit riesigen Sprüngen und ein Emu schreitet mit großen anmutigen Schritten. Der Emu kann übrigens nicht fliegen, obwohl er ein Vogel ist. Die vielen verschiedenen Schlangen gleiten über den Sand, der Lungenfisch schwimmt im Wasser, der Kakadu fliegt, der Dingo rennt auf allen Vieren und der Koala ist faul und bewegt sich kaum. Bei diesem Bewegungsspiel können die Kinder die verschiedenen Bewegungen der australischen Tiere einmal selber ausprobieren.*

**Material:** Steine oder Stoff für die Streckenmarkierung
**Alter:** ab 4 Jahren

Zunächst die Rennstrecke festlegen. Auf einer großen Wiese oder in einer Turnhalle markieren die SpielerInnen einen Ausgangspunkt mit einem Stein oder einem Stück Stoff. Von hier aus gehen die SpielerInnen 15 große Schritte. An der Stelle, an der sie angekommen sind, markieren sie das Ziel. Alle, die mitmachen wollen, überlegen sich, als welches australische Tier sie ins Rennen gehen wollen. Die SpielerInnen stellen sich an der Markierung auf, und nachdem die Spielleitung das Startsignal gegeben hat, beginnen die Tiere um die Wette zu laufen. Wer läuft am schnellsten? Der Emu, das Känguru oder die Schlange? Es können auch mehrere SpielerInnen zusammen ein Tier bilden, zum Beispiel eine Koalamutter, die ihr Baby auf dem Rücken trägt.

# Kängurufangen

*Kängurus sind wie Koalas Beuteltiere, tragen also ihre Babys in einem Beutel am Bauch. Sie haben ganz kurze Arme, aber große, kräftige Hinterbeine, mit denen sie durch die Gegend hüpfen. Weil sie sich nicht mit allen Vieren abstützen können, haben sie einen langen Schwanz, der als Stütze dient.*
*Kängurus sehen mit ihrem weichen Fell eigentlich ziemlich niedlich aus. Aber das täuscht. Ein Känguru sollte man nicht ärgern, denn dann kann es ziemlich gefährlich werden. Ein Känguru kann übrigens mit einem einzigen Sprung fast 9 Meter weit springen!*

**Material:** ein langer Schal für jedes Kind
**Alter:** ab 3 Jahren

Die Kinder bilden zwei Gruppen. Die „Kängurus" stecken sich einen langen Schal hinten in die Kleidung, so dass er über die Erde schleift. Das ist der Schwanz des Kängurus. Die „Fänger" müssen nun den Kängurus den Schal aus der Kleidung ziehen, indem sie darauf hüpfen. Die Kängurus versuchen das zu verhindern, indem sie sie sich ebenfalls hüpfend fortbewegen. Ein Fänger, der einen Schal erbeutet hat, befestigt ihn als Schwanz an seiner Kleidung und nimmt als Känguru wieder am Spiel teil; das Känguru, das seinen Schwanz verloren hat, wird zum Fänger.

# Der Kängurutanz

*In Australien gehört das Fleisch von Kängurus zur Nahrungsgrundlage. Um es jagen zu können, haben die Aborigines das Känguru und seine Bewegungen intensiv beobachtet. Daraus ist der Kängurutanz entstanden. Bei den Aborigines tanzen ausschließlich Männer den Kängurutanz.*

**Material:** Musik
**Alter:** ab 6 Jahren

Die Kinder stellen sich hintereinander in einem Kreis auf. Sie bewegen sich im Uhrzeigersinn. Mit dem rechten Fuß machen sie einen Schritt nach vorne und verlagern das Körpergewicht darauf. Sie machen einen so genannten Wiegeschritt, indem sie ihr Körpergewicht nun kurz nach hinten auf den linken Fuß verlagern, um es sogleich wieder auf den rechten Fuß zu bringen. Nun bewegen sie den linken Fuß mitsamt dem Körpergewicht nach vorne und machen einen Wiegeschritt. Jetzt wird wieder mit rechts ein solcher Schritt nach vorne gemacht. Auf diese Weise machen sie drei Schritt vorwärts. Nach dem dritten Schritt landen die Kinder auf dem rechten Fuß. Der linke Fuß wird neben dem rechten fest auf den Boden gestellt und mit beiden Füßen hüpfen die Tänzer dreimal vorwärts. Dann beginnt die Schrittfolge erneut.

**Hinweis:** Der Kängurutanz lässt sich gut zum Lied *„Bring dein Känguru mit, Pit"* (◉ 23 + 21) tanzen. Geeignet sind aber auch die Lieder *„Draußen im Busch"* (◉ 4) und *„Lach, Kookaburra"* (◉ 13).

# Bring dein Känguru mit, Pit

◉ 23 + 21
Musik: trad.
Text: Pit Budde

1. Spiel dein Didgeridoo, Sue
2. Fang das Schnabeltier ein, Hein
   *Bring dein Känguru mit, Pit...*

3. Tanz mit dem Krokodil, Nils
4. Wirf mit dem Bumerang, Jan
   *Bring dein Känguru mit, Pit...*

5. Sing mit dem Kakadu, Lou
6. Trag die Beutelmaus raus, Klaus
   *Bring dein Känguru mit, Pit...*

7. Macht das Singen dir Spaß, Lars
   *Bring dein Känguru mit, Pit...*

Watch me wallabies feed, mate
Watch me wallabies feed
They're are dangerous breed, mate
So watch me wallabies feed

*Tie me Kangaroo down, sport...*

Keep me cuckatoo cool, Curl,
Keep me cuckatoo cool
Don't go acting the fool, Curl
Just keep me cuckatoo cool

*Play your didgeridoo, Sue...*

# Warum es in Australien keine Osterhasen mehr gibt

Jedes Kind in unserem Land weiß, wer zu Ostern die Ostereier versteckt: der Osterhase. Das denken auch die australischen Kinder. Aber stimmt das wirklich? In Australien ist der Osterhase überhaupt nicht mehr beliebt. Hasen und Kaninchen sind dort nämlich mittlerweile zur Plage geworden. Die Einwanderer aus Europa brachten die Hasen vor vielen Jahren mit. Ursprünglich gab es in Australien diese Tiere gar nicht. Da sie sich in rasanter Weise vermehren, sind es heute schätzungsweise 300 Millionen Kaninchen, die auf dem fünften Kontinent herumhoppeln, Wurzeln anknabbern und Vögel jagen. Der Schaden, den die Hasen und Kaninchen anrichten, ist gewaltig.

„Das reicht!", dachte sich die australische Anti-Hasen-Forschungsstiftung zu Ostern 2000 und beschloss, den Hasen bei den Kindern gründlich schlecht zu machen. Ab sofort wird der Osterhase ersetzt durch ein wirklich australisches Tier: Ein kleines, vom Aussterben bedrohtes Beuteltier mit grauem Fell, einer spitzen Nase und rosa Ohren und dem netten Namen *Bilby* übernimmt in Australien nun die Arbeit des Osterhasen. In seinem kleinen Beutel am Bauch kann das Bilby sogar die Ostereier transportieren.

Schokoladenosterhasen gibt es in Australien nicht mehr. Die australischen Kinder bekommen zu Ostern Schokoladenbilbys und Bilbys aus Stoff. Die Anti-Hasen-Forschungsstiftung hat sich außerdem ein Märchen ausgedacht, das die Erwachsenen den Kindern erzählen sollen, damit endlich die „wahre Geschichte" über die Ostereier ans Licht kommt.

# Das Märchen von den Ostereierdieben

In dem fernen Land Australien lebten einst die beiden Bilbys Bisi und Billy mit ihren Freunden. Wie alle Bilbys, so wohnten auch Bisi und Billy in einer kleinen gemütlichen Höhle. Wegen der großen Hitze schliefen sie tagsüber in ihrem kühlen Bau, und nachts, wenn der Mond zum Vorschein kam, machten sie sich auf die Suche nach köstlichen Raupen und Samen. Doch eines Tages kamen die Kaninchen ins Land der Bilbys. Die Kaninchen hatten einen wirklich üblen Charakter. Nicht genug, dass sie alles auffraßen, was ihren Weg kreuzte. Nein, sie mussten auch noch alle Wege und Erdhöhlen zertrampeln und kaputt machen. Das machte ihnen am meisten Spaß. Und sie liebten Prügeleien. Sie zerstörten die Wohnungen der Tiere, jagten die Vögel und fingen mit jedem einen furchtbaren Streit an. Es musste etwas geschehen, beschlossen die Geschwister Bilby und riefen alle anderen Tiere des Busches zu einer großen Versammlung zusammen. „Die Kaninchen kamen vor zwei Sommern hierher. Sie machen alles kaputt und fressen uns alles weg. Wir werden alle sterben, wenn wir nichts unternehmen!", sagte Bisi und seine Stimme klang ernst. Die Tiere nickten zustimmend, doch waren sie alle ratlos.

Aber dann geschah am darauf folgenden Tag etwas wirklich Schreckliches. Großmutter Bendi war wie jedes Jahr gerade damit beschäftigt, die Ostereier für die Kinder zu bemalen. Eier bedeuten der Anfang neuen Lebens. Deshalb gab sie sich besonders viel Mühe beim Bemalen der Eier. Sie malte ein grünes Ei mit leuchtenden Punkten in den Farben der wild wachsenden Blumen. Und sie bemalte ein Ei so blau wie die Nacht mit funkelnden Sternen darauf. Aber das schönste Ei war das gelbe Ei, das so gelb war wie die Morgensonne.

Als sie alle Eier bemalt hatte, machte sie sich auf den Weg zu den Kindern. Sie verstaute die Eier in ihrem Beutel am Bauch. Als sie eine Weile durch die Wüste gezogen war, kamen plötzlich mit lautem Geschrei die Kaninchen hinter den Büschen hervor. „Gib uns die Eier!", rief Leo, der Anführer der Kaninchenbande. Großmutter Bendi ließ die Eier und das Eierrezept vor Schreck sofort fallen und flüchtete hinter einen Baumstamm. Als die Kaninchen mitsamt den Eiern verschwunden waren, hoppelte Großmutter Bendi traurig zurück zu den Höhlen der anderen Bilbys.

Noch am selben Abend gab es wieder eine Versammlung unter den Tieren. „Ich vestehe nicht, warum mich die Kaninchen überfallen und einfach unsere Ostereier gestohlen haben", weinte Großmutter Bendi. „Die Kaninchen sind nicht wie wir!", antwortete Billy leise. „Wir Bilbys sind in diesem Land zu Hause. Wir lieben die Pflanzen, das Wasser, die Sonne, die Tiere und Vögel. Wir sind ein Teil davon. Die Kaninchen aber sind Eindringlinge, die alles besitzen wollen. Und nun kommen sie und klauen auch noch die Ostereier und das Ostereierrezept und tun so, als ob sie diejenigen sind, die den Kindern diese Geschenke bringen." „Wir sind zwar nicht so stark wie die Kaninchen. Aber wir Bilbys sind mutig!", meinte Bisi entschlossen. „Wir müssen den Kindern die Wahrheit über die Eier erzählen! Keines der Kinder weiß Bescheid, was mit uns Bilbys, den ursprünglichen Bewohnern des Landes, geschehen ist!" Jetzt riefen alle Tiere aufgeregt durcheinander: „Wir müssen

26

etwas tun!" „Also gut", beschloss Billy, „ich frage Zola, die Schlange, ob sie uns helfen kann."

Billy machte sich sofort auf den Weg zu dem alten Eukalyptusbaum, in dem die Schlange Zola wohnte. Er berichtete ihr davon, was geschehen war und erzählte von seinem Plan. Zola war einverstanden. Der Plan war der, dass sie die Kaninchen erschrecken sollte. Die Geschwister Bilby sollten Zola begleiten. Denn schließlich mussten sie das Eierrezept und die Eier zurückbekommen. Am nächsten Tag machten sich die drei auf den Weg. Zola schlich sich langsam an die Höhlen der Kaninchen an. Kaninchen hassen Schlangen. Und noch ehe Zola überhaupt in eine der Höhlen hineingleiten konnte, waren alle Kaninchen voller Panik aus den Erdlöchern herausgesprungen. „Ihr habt freie Bahn!", rief sie Bisi und Billy zu.

Schnell verschwanden die beiden Bilbys in einem der dunklen Erdlöcher. Aber was war das? Hier gab es ja lauter Tunnel und Wege! Und wo war bloß das Eierrezept? „Wir werden das Rezept nie finden.", weinte Bisi. „Hör' auf zu weinen, Bisi. Lass uns lieber wieder schnell verschwinden, ehe die Kaninchen uns entdecken", flüsterte Billy, aber es war schon zu spät. Leo, der Anführer der Kaninchenbande, stand direkt vor ihnen. „Was habt ihr Bilbys hier zu suchen?", raunzte er sie mit Furcht erregender Stimme an. „Ähhh...wir...wir suchen...", stotterte Bisi und klammerte sich fest an Billy. Sie hatten längst bemerkt, dass Leo in seiner Pfote das Ostereierrezept hielt. Doch plötzlich sagte eine Stimme hinter ihnen: „Ich denke, es ist nun an der Zeit zu gehen!". Die beiden Bilbys drehten sich erstaunt um. Es war niemand anderes als Zola, die Schlange. „Eine Schlange, eine Schlange!", schrie Leo hysterisch und ließ das Rezept fallen. Mit einem Satz sprang er aus dem Kaninchenbau heraus. „Jetzt aber nichts wie weg!", rief Zola. Billy schnappte sich schnell das Ostereierrezept und Bisi wickelte sich die Schlange Zola um den Hals. Dann hüpften sie zurück nach Hause zu den anderen Bilbys. Immer wieder schauten sie sich auf dem Heimweg um in der Angst, dass ihnen die Kaninchen folgen würden.

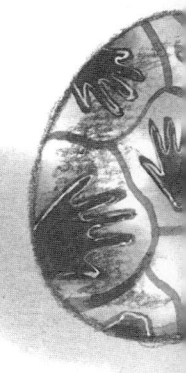

Endlich hatten sie die Höhle von Großmutter Bendi erreicht. „Großmutter, wir haben das Rezept zurück!", riefen sie. „Wir müssen uns sofort an die Arbeit machen", sagte Großmutter Bendi und die ganze Nacht machten die Bilbys neue schöne Eier für die Kinder. Alle Bilbys versammelten sich in Großmutter Bendis Küche und halfen. Die Bilbys hatten große Angst, aber ihren Plan gaben sie nicht auf. Was würde geschehen, wenn Leo sie finden würde? Was würde er tun, wenn er sie alleine erwischen würde?

Noch am selben Morgen begaben sich Bisi und Billy erneut auf den Weg zu den Kindern. Bisi zitterte vor Angst: „Sie werden uns finden und uns wieder die Eier stehlen!" „Bisi, hör auf damit! Wir werden den Kindern die Eier bringen und ihnen die Wahrheit über die Eier erzählen!", beruhigte ihn Billy. Nach einer Weile kamen die beiden Bilbys in eine kleine Siedlung. In einem Vorgarten saßen zwei Kinder und spielten. „Siehst du die Kinder dort spielen, Bisi?", fragte Billy. „Wir werden ihnen endlich die Eier bringen und wir werden ihnen alles erzählen und sie um Hilfe bitten!" (1)

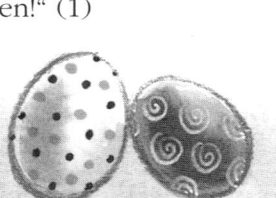

# Osterbilby aus Fruchtgummi

*Am Abend vor Ostern stellen die Kinder in Australien für das Osterbilby eine Flasche Bier vor die Tür. Am nächsten Morgen ist die Bierflasche weg, dafür aber finden die australischen Kinder ein Osterbilby aus Fruchtgummi.*

**Material für die Form:**
2 kg Speisestärke, Backblech
**Zutaten für ein großes Bilby aus Fruchtgummi:**
30 Blatt Gelatine, gut 1 Liter Wasser, 200 g Zucker, 200 ml Fruchtsirup, 1 Teelöffel Zitronensäure, drei Töpfe
**Alter:** ab 5 Jahren (mit Hilfe eines Erwachsenen)

Für das Osterbilby benötigen die Kinder eine Gießform, in die das flüssige Fruchtgummi hineingegossen werden kann. So eine Form lässt sich ganz einfach aus Speisestärke herstellen. Die Speisestärke auf einem Backblech gleichmäßig verteilen und dann ungefähr fünf Stunden bei 60 Grad Celsius in einem Backofen trocknen lassen und glatt streichen. Nun können die Kinder mit den Fingern die Form eines Bilbys in die Stärke drücken. Dabei darauf achten, dass nicht der Boden der Stärke durchgedrückt wird.

Für die Fruchtmasse die Gelatineblätter in einem Liter kaltem Wasser einweichen und kurz quellen lassen. In einem anderen Topf den Zucker mit 60 ml Wasser verrühren, einmal aufkochen lassen und anschließend den Fruchtsirup hinzufügen. Die Gelatineblätter aus dem Wasser nehmen, in einem weiteren Topf abschütteln und langsam unter ständigem Rühren erhitzen, aber nicht kochen. Gut verrühren und zu dem Fruchtgemisch hinzugeben. Die Zitronensäure mit einem Teelöffel Wasser verrühren und dann in das Fruchtgemisch geben. Die Fruchtmasse ungefähr zehn Minuten warm stehen lassen. Den Schaum, der sich in dieser Zeit an der Oberfläche gebildet hat, abschöpfen.
Nun die Fruchtmasse in die Gießform schütten. Das geht am besten mit einem Messbecher. Über die Fruchtmasse noch etwas Stärke schütten und das Ganze eine Nacht trocknen lassen. Am nächsten Morgen das Osterbilby in einem Sieb so lange schütteln, bis die Speisestärke abfällt.

# Im Land des wilden Honigs bei den Aborigines

Lange bevor die ersten Einwanderer aus Europa kamen, lebten schon Menschen in Australien, die Aborigines. Ein Angehöriger der Aborigines ist ein *Aboriginal*. Allerdings ist das nicht der Name, den sich die Aborigines selber gegeben haben. Die eingewanderten Europäer nannten die Einheimischen *Aborigines*. Aborigines ist ein lateinisches Wort und bedeutet nichts anderes als *Urbevölkerung* und hat mit Australien erstmal nichts zu tun. Die Urbevölkerung von Schwaben könnten wir beispielsweise auch schwäbische Aborigines nennen. Die australischen Aborigines sind die Menschen, deren Vorfahren aus Australien stammen und die sich dem australischen Land in besonderer Weise verbunden fühlen.

Wissenschaftler glauben heute, dass die Vorfahren der heutigen Aborigines vor ungefähr 40.000 Jahren aus Südostasien nach Australien gekommen sind. Eine solche Völkerwanderung war damals aber nur möglich, da auf Grund einer Eiszeit der Wasserspiegel der Ozeane ziemlich niedrig war. Die Landmassen waren fast ein Drittel größer als heute und zwischen dem asiatischen und dem australischen Kontinent lagen nur knapp 80 Kilometer Wasser. Diese geringe Entfernung müssen die Menschen damals mit Schiffen überwunden haben. Aber genau weiß man das nicht. Die Menschen erreichten den Vermutungen nach zuerst den Norden Australiens und zogen dann vom Norden in die südlicheren Gegenden, in denen das Klima angenehmer war. Da es damals genug essbare Pflanzen gab und kleine Tiere, die sich jagen ließen, brauchten die Menschen keinen Ackerbau zu betreiben. Das heißt, sie mussten nicht an einem einzigen Ort leben, um ihre Felder zu bewirtschaften, sondern zogen weiter, wenn ihre Nahrungsquelle erschöpft war.

Vor ungefähr 10.000 Jahren war dann auch die letzte Eiszeit zu Ende. Das Eis begann zu schmelzen. Das bedeutete, dass der Meeresspiegel wieder anstieg und viele Inseln im Meer versanken. Die Entfernungen zwischen den Kontinenten wurden wieder größer. Man nimmt an, dass ungefähr 4.000 Jahre vor unserer Zeitrechnung keine Verbindung mehr von Australien zum asiatischen Kontinent bestand und auch die Insel Tasmanien, die ursprünglich mit Australien verbunden war, vom Festland abgetrennt wurde.

Die Aborigines sind keine einheitliche Gesellschaft. Ähnlich wie es verschiedene europäische Völker gibt, gibt es viele Aboriginesvölker oder Aboriginesstämme. Der Ausdruck *Stamm* ist jedoch etwas altmodisch, daher werden in diesem Buch die Bezeichnungen Volk, Gruppe oder Gemeinschaft benutzt.

Die Aboriginesvölker tragen alle einen Eigennamen. So leben beispielsweise an der australischen Westküste die *Kareira*, in Zentralaustralien die *Aranda*, und die Menschen, die hauptsächlich in Nordaustralien Zuhause sind, nennen sich *Warlpiri*, um nur einige von ihnen zu nennen. Jedes Volk spricht einen eigenen Dialekt. Wissenschaftler meinen, dass es früher fast 500 verschiedene Aboriginesvölker und genauso viele Dialekte in Australien gegeben hat. Das war jedoch lange bevor die Europäer Australien in ihren Besitz nahmen und die Gemeinschaften vertrieben und ausgerottet haben. Waren es vor Ankunft der ersten Europäer noch ungefähr 500.000 Aborigines, die auf dem Kontinent lebten, so sind es heute schätzungsweise nur noch 50.000.

Wenn eine Gemeinschaft unter solchen extremen klimatischen Bedingungen wie in Australien überleben will, ist sie darauf angewiesen, dass die Gemeinschaft zusammenhält und funktioniert und sich alle an die Regeln halten. Es ist wichtig, dass sich die Gruppe nicht dauernd streitet oder gar Kriege mit den Nachbarn führt. Strenge Verwandtschafts- und Heiratsregeln legen genau fest, welche Beziehung die Aborigines in ihrer Gemeinschaft untereinander haben und wie sie sich verhalten müssen. Anführer oder sogar Könige wie in anderen Gemeinschaften gibt es bei den Aborigines nicht. Wer im Laufe seines Lebens Erfahrungen und Wissen gesammelt hat, erntet von den anderen Respekt und Ansehen.

Einer Aboriginesgemeinschaft gehören etwa einige Hundert bis ein paar Tausend Personen an. Natürlich leben sie nicht alle zusammen auf einem Fleck und es kommt auch selten vor, dass wirklich alle Menschen zu einem gemeinsamen Treffen zusammen kommen. Aber den Angehörigen eines solchen Volkes ist gemein, dass sie dieselbe Sprache oder denselben Dialekt sprechen, dass sie sich alle einem bestimmten Gebiet verbunden fühlen und dieselben Vorfahren haben und verehren. Ein Volk besteht aus vielen kleinen so genannten *Lokalgruppen*. Eine Lokalgruppe ist eine aus mehreren Familien oder mehreren Klans bestehende Lebensgemeinschaft. Sie gehen zusammen auf die Jagd, leben am selben Ort zusammen, erziehen gemeinsam ihre Kinder und teilen ihre

Sorgen und ihre Freuden. In einer Lokalgruppe leben ungefähr 35–50 Personen. Eine Familie hingegen besteht bei den Aborigines wie bei uns zunächst aus Eltern und Kindern. Wissenschaftler bezeichnen eine Familie manchmal auch als *Klan*. Dann sind auch die Personen damit gemeint, die wir zur weiter entfernten Verwandtschaft zählen, denn das englische Wort Klan bedeutet eigentlich *Abstammungsgruppe*. Ein Klan ist also nicht dasselbe wie ein Volk. So kann ein Aboriginal beispielsweise dem Klan der Wasserschlange und gleichzeitig dem Volk der Aranda angehören.

Jeder Aboriginesklan fühlt sich einem mythischen Wesen und dem Ort, an dem dieses Wesen gewirkt hat, besonders verbunden. Dieses Wesen ist das *Dreaming* des Klans. Es ist sehr schwierig, den Begriff Dreaming zu übersetzen. Das deutsche Wort *Traum* ist eigentlich nicht die passende Übersetzung für Dreaming. Dreaming bezeichnet auch nicht nur das mythische Wesen und den Ort, an dem es gelebt hat, sondern auch seine Geschichten und seine besonderen Kräfte. Dreaming sind auch die Gesetze der Gemeinschaft und die Gesetze der Religion. Dreaming ist eigentlich alles, was einen Klan ausmacht und zusammenhält. Es ist das Gerüst des Klans. Jeder Klan benennt sich nach seinem Dreaming. So gibt es beispielsweise den Klan des Emus, den Klan der Wasserschlange oder den Klan des wilden Honigs. Wenn zwei Aborigines heiraten wollen, müssen die Dreamings ihres Klans unbedingt zusammenpassen.

Die Aborigines stellen sich vor, dass ihre Vorfahren für sie die Erde erschaffen haben und zwar so, dass sie alles Nötige zum Leben darin finden. Wer von dem lebt, was die Natur bereithält, ist allerdings darauf angewiesen, nicht nur an einem einzigen Ort zu leben. So zogen die Aborigines innerhalb ihres begrenzten Gebietes von einem Fleck zum nächsten. Das Gebiet ihres jeweiligen Volkes verließen sie dabei nie. Sie orientierten sich bei ihren Wanderungen an gut markierten Pfaden und Grenzen. Flüsse kennzeichneten beispielsweise die Grenze eines Gebietes und der Weg von einem Wasserloch zum nächsten diente als Markierung.

Völker, die wie die Aborigines umherziehen und nicht an einem festen Ort leben, werden Nomaden genannt. Ein nomadisches Leben bedeutet aber, dass man nicht zu viele Sachen besitzt, die man ständig mitschleppen muss. Was haben die Aborigines also besessen, was sie auch auf ihren Wanderungen mitnehmen konnten? Wichtig war es vor allem, einige kleinere Messer und eine ausreichende Menge an Schnüren und Stricken zu haben. Daraus ließen sich nämlich schnell Körbe und Netze flechten. Aber auch Matten und Angelschnüre wurden daraus hergestellt. Die Schnüre machten die Aborigines aus Rinden und Wurzelfasern, aber auch aus ihren eigenen Haaren. Des Weiteren gehörten ein paar Holzschüsseln ins Gepäck, denn solche Schüsseln dienten den Aborigines als Transportmittel für Nahrung und Wasser. Auch kleine Babys wurden in diesen Schüsseln getragen. Die Holzschüsseln, die von einigen Völkern *Coolamon* genannt werden, ließen sich außerdem beim Ausgraben von Insekten leicht als Spaten benutzen.

Das Leben der Aborigines hat sich durch die Ankunft der Europäer vor über 200 Jahren sehr gewandelt. Die Europäer suchten nämlich lange nach einem Kontinent auf der Südhälfte der Erdkugel. Der erste Europäer, der die Küste Australiens sichtete, war der Niederländer Willem Jansz. Das war im Jahre 1606. In den folgenden Jahren kamen immer mehr Europäer nach Australien, im Jahre 1770 auch der be-

kannteste Südseereisende, der Brite James Cook. Einige Zeit später sahen die Briten in Australien einen geeigneten Ort, ihre Gefängnisinsassen unterzubringen, da der Platz in den heimischen Gefängnissen nicht mehr ausreichte. Immer mehr Europäer interessierten sich für Australien und begannen sich dort niederzulassen. Da die Aborigines keine festen Wohnsitze hatten, an die sie Besitzansprüche stellen konnten, war es für die Europäer sehr einfach, sich des Landes zu bemächtigen. Viele Aborigines starben an Masern und Pocken – Krankheiten, die erst die Europäer nach Australien einschleppten. Ende des 19. Jahrhunderts nach unserer Zeitrechnung steckte man die Aborigines in Reservationen, wo sie so leben sollten, wie es die Europäer taten. Das nomadische Leben ihrer Vorfahren konnten die Aborigines nun nicht mehr führen.

Australien und Südostasien zur Zeit des niedrigen Meeresspiegels während der Eiszeit

*Die Aranda, deren Heimat in Zentralaustralien ist, erzählen sich folgende Geschichte von den Ursprüngen der ersten Bewohner Australiens:*

# Die Geschichte von den ersten Menschen

Vor langer, langer Zeit lebten noch keine Menschen auf der Erde, sondern nur ein paar Wesen, die ziemlich komisch aussahen. Diese Wesen hatten nämlich noch gar keine richtigen Körperteile. Weil sie keine Augen hatten, konnten sie nicht sehen und da sie noch nicht einmal Ohren hatten, konnten sie auch nichts hören. Bewegen konnten sie sich auch kaum, denn sie hatten weder Arme noch Beine. Sie wurden Ianapatua genannt. Die Ianapatua konnten eigentlich überhaupt nichts machen und daher hatten sie sich traurig unter die Felsen am Rande eines Salzsees verkrochen. Dann kamen zwei Geister zur Erde und beschlossen, aus den Ianapatua richtige Menschen zu formen. Die beiden Geister nahmen die unvollständigen Körper der Ianapatua und formten ihnen Arme und Beine. Dann schnitzten sie mit ihren Steinmessern vier Schnitte am Ende der Arme und der Beine. So bekamen die Ianapatua Finger und Zehen. Dann öffneten die beiden Geister mit ihren Messern die Augen und den Mund der Ianapatua. Anschließend formten sie die Nasen und die Ohren mit ihren Händen. So wurden aus den Ianapatua richtige Menschen. Die neugeformten Menschen zogen in Australien umher und bekamen Kinder. Das war der Anfang der ersten Menschen in Australien. (2)

# Das praktische Wohnzelt

*Ein richtiges Haus passt natürlich nicht in ein nomadisches Leben. Die Aborigines wohnten früher in praktischen Zelten. Solch ein Zelt war aus Baumrinden und Zweigen gebaut. Die Baumrinden und die Zweige suchten sich die Aborigines an dem jeweiligen Ort zusammen, an dem sie gerade bleiben wollten. Wollten sie weiterziehen, zerstörten sie das Zelt oder ließen es einfach zurück. Die in der wärmeren Trockenzone Australiens lebenden Aborigines bauten sich keine Zelte. Für die kalten Nächte legten sie sich auf der Erde einfach eng zusammen.*

**Material:** sechs gleichlange biegsame Äste, Gräser oder Schnur, Matten oder Decken
**Alter:** ab 4 Jahren (mit Hilfe eines Erwachsenen)

Die Äste im Kreis in den Boden stecken. Der Abstand der Stöcke zueinander sollte immer gleich sein. Die oberen Enden der Äste mit Gräsern oder Schnur zusammenbinden. Anschließend Matten oder Decken über das Gerüst legen.

# Der australische Bumerang

*Besonders bekannt ist ein von den Aborigines erfundenes Wurfholz, der australische Bumerang. Die Aborigines schnitzten ihre Bumerangs aus einem Ast des Mulga-Baumes und bemalten sie anschließend mit roter Ockerfarbe. Der Bumerang war jedoch nicht in allen Gegenden Australiens bekannt. Wir kennen den Bumerang als ein leicht gekrümmtes Holz, das einmal in die Luft geworfen wieder zurückkehrt. Diese Art von Bumerang durfte aber nur zum Spielen benutzt werden. Für die Abo-rigines war der Bumerang vor allem eine Jagdwaffe, um damit Tiere wie Kängurus und Vögel zu erlegen. Zum Jagen diente ein Bumerang, der geradeaus fliegt und zu Boden fällt. Ein geradeaus fliegender Bumerang kann fast 100 Meter weit fliegen. Im Übrigen kann ein Bumerang, der trifft, sowieso nicht zurückkehren. Benutzten die Aborigines Bumerangs zu religiösen Zwecken, verzierten sie sie oftmals mit schönen Mustern, die sie in das Holz einritzten oder schnitzten. Es gibt Bumerangs nicht nur für verschiedene Verwendungszwecke, sondern auch in vielen verschiedenen Größen und Sorten.*

*Einen Bumerang aus Sperrholz zu bauen ist eine sehr komplizierte, langwierige Angelegenheit und für kleinere Kinder eher nicht zu empfehlen. Die Kinder können ebenso wie die Aborigines aus gebogenen Ästen einen Bumerang herstellen. Das ist für kleine Kinder einfacher und motivierender.*

**Material:** Ast, eventuell Geodreieck, Säge, Raspel, Schmirgelpapier, Lackfarbe
**Alter:** ab 7 Jahren

Die Kinder suchen im Wald einen gebogenen Ast oder größeren Zweig. Wichtig ist, dass die Krümmung des Holzes ungefähr einen Winkel von 90 Grad hat. Ein Geodreieck, mit dem kleinere Kinder den Winkel bestimmen können, kann bei der Suche nützlich sein.
Das Holz auf die gewünschte Größe zurechtsägen.
Mit der Raspel die Unterseite des Bumerangs abflachen. Die Unterseite des Bumerangs sollte nach dem Bearbeiten völlig flach sein  hingegen die Oberfläche leicht gewölbt.
Die Kanten des Bumerangs mit der Raspel so abrunden, dass die Kante eines Schenkels nach außen abgeflacht wird und die andere nach innen.

Den Bumerang mit dem Schmirgelpapier bearbeiten und mit Lackfarbe bemalen.

Um den Bumerang zu werfen, brauchen die SpielerInnen viel Platz und es sollten auch keine Menschen in der Nähe sein. Das nach außen gewölbte Ende des Bumerangs zeigt zum Körper. In senkrechter Haltung über die Schulter ausholen und den Bumerang wegschleudern. Das Handgelenk dabei leicht drehen, damit der Bumerang die Drehung bekommt, die er zum Zurückkehren benötigt.

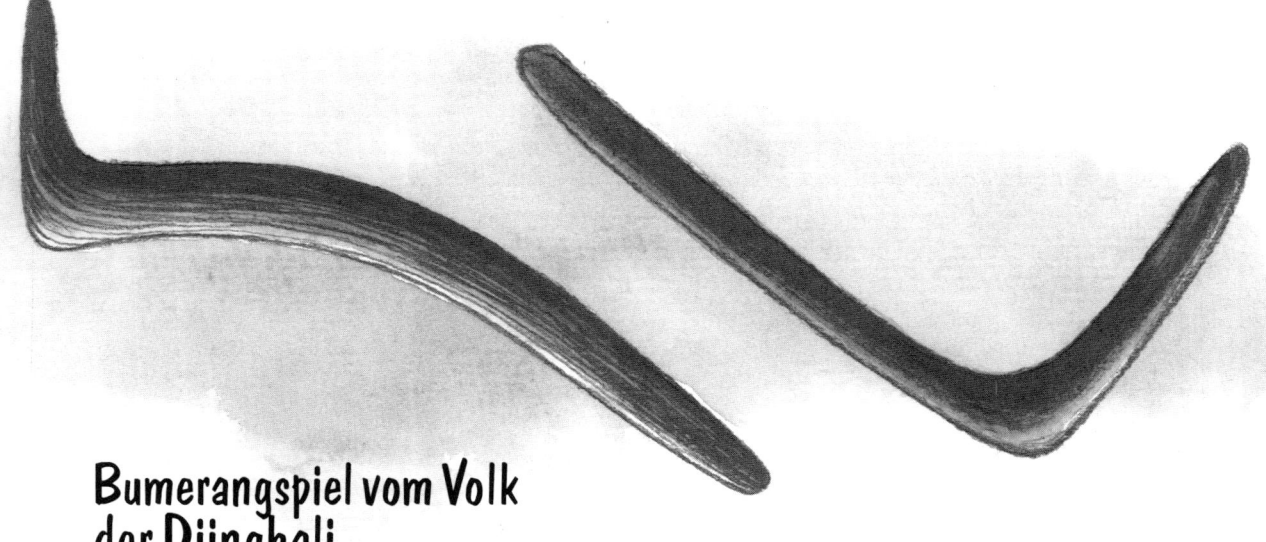

# Bumerangspiel vom Volk der Djinghali

*Das Bumerangspiel der Djinghali ist ein sehr dynamisches Spiel, welches die älteren Männer häufig mit den kleinen Jungen spielen, um zu prüfen, ob sie es noch mit den Jüngeren aufnehmen können. Dabei bringen die alten Männer der Djinghali all die Erfahrungen ein, die sie in ihrem Leben gewonnen haben, um noch besser bei diesem Spiel abschneiden zu können. Gewinner gibt es bei diesem Spiel jedoch nicht. Für alle SpielerInnen gilt es, möglichst schnell und überlegt zu handeln.*

**Material:** Bumerang
**Alter:** ab 6 Jahren

Die Kinder bilden zwei gegnerische Gruppen. Ein Kind der ersten Gruppe wirft den Bumerang einem anderen Kind seiner Gruppe zu. Dabei darauf achten, dass der Bumerang nicht hoch durch die Luft, sondern nur flach über den Boden fliegt. Alle anderen Kinder rennen jetzt hinter dem Bumerang her und versuchen ihn zu bekommen. Wer ihn hat, der darf den nächsten Wurf machen. Gefangen werden darf der Bumerang nur dann, wenn er freifliegend ist oder auf dem Boden liegt. Sobald ein Kind den Bumerang in den Händen hält, darf ihm kein anderes Kind den Bumerang abnehmen. Das Kind kann auf diese Weise mit dem Bumerang eine Weile über den Platz laufen und durch die anderen Kinder hindurch, ohne den Bumerang abzuwerfen. Es kann die anderen auch täuschen und den Bumerang in dieselbe Richtung zurückwerfen. Das Spiel ist beendet, wenn die SpielerInnen sich genug ausgetobt haben.

# Bumerang für Stubenhocker

*Für schlechtes Wetter können die Kinder einen Bumerang bauen, den sie im Zimmer werfen können.*

**Material:** Pappe (z. B. Unterseite eines Schuhkartons), Stift, Schere, Schmirgelpapier
**Alter:** ab 5 Jahren

Abgebildete Skizze vergrößert kopieren und als Schablone benutzen. Umrisse auf Pappe übertragen und ausschneiden. Kleine Unebenheiten am Rand, die durchs Ausschneiden entstanden sind, mit Schmirgelpapier ausbessern.
Damit dieser Bumerang gut fliegt, die Spitzen ein bisschen nach oben biegen.

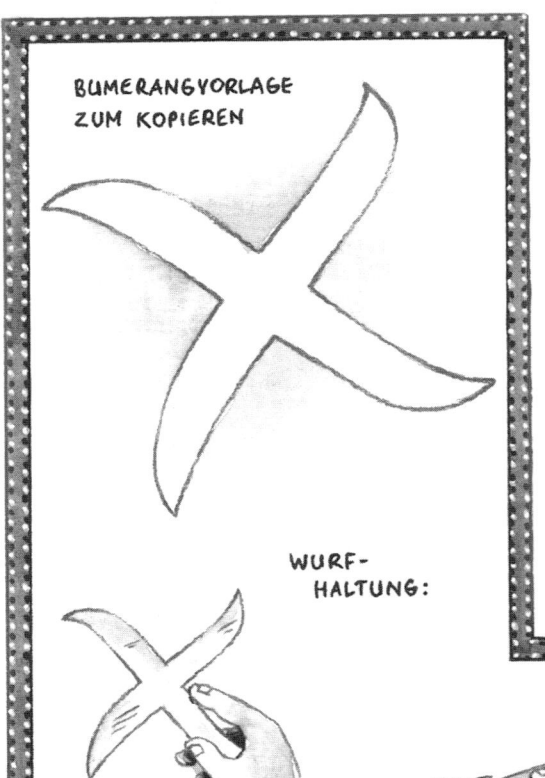

BUMERANGVORLAGE ZUM KOPIEREN

WURF-HALTUNG:

# Musik machen mit dem Bumerang

*Für die Aborigines ist der Bumerang nicht nur eine Jagdwaffe oder ein Spielzeug, sondern auch ein Musikinstrument. Um mit dem Bumerang Musik zu machen, werden zwei Bumerangs gegeneinander geschlagen.*

**Material:** zwei Bumerangs aus gebogenen Ästen
**Alter:** ab 6 Jahren

In jede Hand einen Bumerang nehmen. Die flachen Oberflächen der Bumerangs zeigen nach innen. Mit beiden Händen gleichzeitig die Bumerangs zueinander führen, so dass ein Schlag erzeugt wird. Wenn die Bumerangs mit ihren flachen Oberflächen aufeinander geschlagen werden, erzeugt das einen Ton, der sich rhythmisch wiederholen lässt. Einen anderen Ton erzeugen die Aborigines dadurch, dass sie auch die gekrümmten Stellen in der Mitte der Bumerangs aufeinander schlagen, während sie die Bumerangs bei jedem Aufschlag leicht drehen.

**Hinweis:** Zur rhythmischen Begleitung eignen sich die folgenden Stücke auf der CD: *Lach, Kookaburra* (☉ 13), *Alle Kinder wollen fischen* (☉ 17), *Bring dein Känguru mit, Pit* (☉ 21 + 23), *Lach in die Sonne* (☉ 25), *Schwarzes Mädchen...* (☉ Nr. 19).

# Wer trifft das Wurfholz?

*Die Aborigines kennen nicht nur Bumerangs als Wurfhölzer. Für das folgende Spiel schnitzen sie sich ein rundes Wurfholz aus weichem Holz oder Baumrinde. Die SpielerInnen können aber auch eine Frisbeescheibe benutzen. Spiele wie diese, bei denen es darauf ankommt, auf sich bewegende Objekte zu zielen, sind für die australischen Ureinwohner vor allem eine gute Übung und Vorbereitung für das Jagen von Tieren.*

**Material:** ein freier Platz, ein rundes Wurfholz oder eine Frisbeescheibe, kleine Kieselsteine
**Alter:** ab 6 Jahren
**Anzahl:** ab 6 Kinder

Jedes Kind sammelt eine Hand voll Kieselsteine. Die Kinder bilden drei Gruppen. Zwei der drei Gruppen stellen sich auf einem freien Platz so auf, dass sie jeweils eine Seite einer etwa acht Meter breiten Gasse bilden. Die dritte Gruppe darf die Wurfscheibe zuerst durch die Gasse werfen. Die Wurfscheibe soll nicht durch die Luft, sondern gerade eben über den Boden fliegen. Die SpielerInnen versuchen die Kieselsteine so zu werfen, dass sie die Scheibe zu Fall bringen. Dabei müssen die Kinder einen Abstand zur Wurfscheibe von ungefähr 3-5 Metern einhalten. Hat ein Kind die Scheibe getroffen, darf jetzt seine Gruppe die Scheibe werfen. Die Aborigines begleiten dieses Spiel immer mit lautem Gekreische, denn dann macht es noch mehr Spaß.

# Mungan-Mungan

*Die Spiele der Aborigineskinder sollen sie in besonderem Maße an ein Leben in der Gemeinschaft vorbereiten. Kooperation, Zusammenhalt und das Auskommen mit anderen Persönlichkeiten steht dabei im Vordergrund. Daher kennen die Aborigineskinder viele Gruppenspiele, in denen diese Fähigkeiten erlernt und geübt werden. Mungan-Mungan ist ein Spiel, bei dem es auf Team-Arbeit ankommt. Gespielt wird mit einem Stück Holz aus einem Hibiskusbaum, das weiß angemalt und für das Spiel 'Wormar' genannt wird.*

**Material:** freie Fläche, ein 'Wormar' (ein handliches Stück Holz)
**Alter:** ab 5 Jahren

Die Kinder bilden zwei gegnerische Gruppen. Beide Gruppen versuchen das Wormar in ihren Besitz zu bringen und sich nicht mehr abjagen zu lassen. Eine Gruppe hat das Wormar zuerst. Die SpielerInnen dieser Gruppe halten das Wormar immer hinter ihrem Rücken. Die SpielerInnen der anderen Gruppe müssen das Wormar unter ihre Achsel klemmen.
Ein Kind der ersten Gruppe läuft mit dem Wormar vor allen SpielerInnen davon. Die SpielerInnen der gegnerischen Gruppe versuchen das Kind mit dem Wormar zu fangen. Die eigene Gruppe muss das verhindern.
Fängt die gegnerische Gruppe das Kind, versucht dieses ganz schnell das Wormar einem anderen Kind aus seiner eigenen Gruppe zuzuwerfen. Bekommt die gegnerische Gruppe jedoch das Wormar, müssen die SpielerInnen der anderen Gruppe versuchen, das Holzstück zurückzugewinnen. Das Spiel ist dann zu Ende, wenn eine der beiden Gruppen zu erschöpft ist, um weiterzuspielen.
Die Aborigines machen oftmals eine kleine Erholungspause bei diesem Spiel. Das Wormar wird dann solange irgendwo im Busch versteckt, damit die gegnerische Gruppe es nicht findet.

# Ball aus Gras

*Ballspiele, bei denen die Geschicklichkeit trainiert wird, sind bei den Aborigineskindern sehr beliebt. Sie basteln einen Ball aus Gras oder Pflanzen, der ungefähr die Größe eines Tennisballes hat.*

**Material:** ein Büschel Gräser, Kerzenwachs, alter Topf, Unterlage
**Alter:** ab 5 Jahren

Auf einer Wiese ein paar Büschel Gras pflücken und sie solange kreuz und quer mit längeren Gräsern umwickeln, bis sie die Form eines kleinen Balles bekommen. Am besten dabei an ein Wollknäuel denken, auf dem Wollfäden aufgewickelt werden. Kerzenwachs in einem alten Topf erhitzen, bis es flüssig ist. Den Grasball in das Wachs tunken, so dass der Ball von allen Seiten mit Wachs bedeckt ist. Wenn das Wachs nicht mehr so heiß, aber noch etwas weich ist, den Ball mit den Händen in Form bringen. Den Grasball auf einer Unterlage trocknen lassen.

# Ballspiel vom Volk der Djinghali

*Obwohl ein Grasball ziemlich klein ist, spielen die Djinghali damit eine Art Fußball. Mit diesem Spiel üben die Kinder der Djinghali ihre Geschicklichkeit und Ausdauer. Das sind beides wichtige und nützliche Eigenschaften für ein Leben im Busch.*

**Material:** Ball aus Gras
**Alter:** ab 6 Jahren

Die Kinder teilen sich in zwei Gruppen auf. Ein Kind schießt mit dem Fuß den Ball in die Luft. Bei diesem Spiel geht es darum, im Besitz des Balles zu sein und diesen in der Luft zu halten. Der Ball darf den Kindern der eigenen Gruppe zugeschossen werden, aber er darf nicht den Boden berühren. Um den Ball in der Luft zu halten, dürfen nur die Füße benutzt werden. Barfuß klappt das am besten!

# Büchsenwerfen

*Sich bewegende Objekte zu treffen ist ein häufiges Spiel der Aborigineskinder. Es bereitet sie auf das Jagen von Tieren vor.*

**Material:** ein Reifen (z.B. ein Fahrradreifen), leere Getränkebüchsen
**Alter:** ab 6 Jahren

Die Kinder stellen sich im Halbkreis auf. Ein Kind bringt den Reifen zum Rollen. Jedes Kind versucht, seine leere Getränkebüchse durch den rollenden Reifen hindurchzuwerfen. Solange der Reifen noch rollt, kann jedes Kind seine Dose wieder aufheben und erneut werfen. Dass dieses Spiel viel Krach erzeugt, bringt zusätzlichen Spaß!

# Busch-Memory

*Die Aborigineskinder, die im Outback le-*
*ben, spielen gerne Busch-Memory. Sie*
*sammeln dafür viele kleine Gegenstände*
*im Busch: kleine Zweige, Steine, Schne-*
*ckenhäuser, getrocknete Früchte und vie-*
*les mehr. Manchmal hat ihr Spiel bis zu*
*50 solcher kleinen Gegenstände. Busch-*
*Memory ist eine gute Übung, um das*
*Gedächtnis zu trainieren. Ein gutes Ge-*
*dächtnis braucht man im Busch, um sich*
*nicht zu verirren.*

**Material:** kleine Gegenstände
**Alter:** ab 5 Jahren

Zunächst einmal viele kleine Gegenstände
zusammentragen. Das können Steine, Muscheln, Stöcke, Kastanien oder kleine
Zweige sein, aber auch andere Sachen wie
kleine Autos, Figuren, ein Ring oder ein
Taschentuch.
Ein Kind legt jetzt aus allen Gegenständen
einen Kreis. Die anderen Kinder müssen
solange wegschauen. Dann dürfen sich
alle Kinder umdrehen und sich die Sachen
einige Minuten lang genau anschauen. Ein
Kind darf dabei alle Gegenstände laut be-
nennen.
Nun setzen sich alle Kinder mit dem
Rücken um den Kreis herum und das erste Kind beginnt aufzuzählen, in welcher
Reihenfolge es die Gegenstände in Erinnerung hat. Wenn es falsch rät, ist das
nächste Kind dran, an dieser Stelle fortzu-
fahren. Schaffen die Kinder im Kreis es
nicht alle Gegenstände richtig aufzuzählen, werden die Gegenstände neu ar-
rangiert.

# Geh rückwärts oder komm zu mir!

*Bei diesem Spiel lernen die Aborigineskin-*
*der Gegenstände mit ihren Füßen zu ertas-*
*ten und den anderen in der Gruppe zu*
*vertrauen.*

**Material:** Tuch zum Verbinden der Augen
**Alter:** ab 6 Jahren

Die Kinder stehen eng beieinander im
Kreis. Ein Kind befindet sich mit verbundenen Augen in der Mitte des Kreises. Irgendwo in der Mitte des Kreises liegt ein
Stein oder ein kleiner Zweig. Die Kinder
rufen dem Kind in der Mitte zu, wie es sich
bewegen soll, um den Gegenstand zu finden. Sie rufen: Geh nach rechts! Komm zu
mir! Geh rückwärts!... u.Ä. Wenn das Kind
den Gegenstand mit seinen Füßen berührt
hat, ist das nächste Kind an der Reihe.

# Tauschbörse

*Die Aboriginesvölker kamen natürlich*
*auch in Kontakt miteinander. Dann*
*tauschten sie Gegenstände aus und mach-*
*ten sich Geschenke. Tauschhandel und*
*Geschenkemachen ist etwas ganz Wichti-*
*ges unter allen Menschen, denn dadurch*
*bleiben die Menschen in Verbindung mit-*
*einander. Wer bei jemandem Schulden ge-*
*macht hat, muss sich wieder bei ihm mel-*
*den, und der andere bleibt auf diese Weise*
*in Erinnerung.*
*Bei den Aborigines war es üblich, dass die*
*Schulden nie abgetragen wurden. Jemand*
*machte beispielsweise einem Angehörigen*
*des Nachbarvolkes ein Geschenk, der da-*
*rauf wiederum mit einem Gegengeschenk*
*reagierte. Ein Gegengeschenk bedeutete*
*natürlich, dass wieder ein Gegengeschenk*

gemacht werden musste und so weiter. Wissenschaftler nennen dieses Verhalten Gegenseitigkeit. Aufgrund von Gegenseitigkeit waren alle Aboriginesvölker über die großen Entfernungen Australiens miteinander verwoben.

Wenn ein Aboriginesvolk in seinem Gebiet von großer Trockenheit und Dürre betroffen war, konnte es sich von dem Nachbarvolk auch schon mal ein Wasserloch oder einen See zum Fischen ausleihen. Dafür durften dann die anderen ihr Jagdgebiet benutzen. Eroberungskriege, um etwas zu bekommen, was sie gerade nicht besaßen, hätten sie jedoch nie geführt. Übrigens tauschten die Aborigines mit ihren Nachbarn auch Geschichten aus.

Eine Tauschbörse, bei der kleine Dinge getauscht werden, empfiehlt sich erst für ältere Kinder ab ungefähr 5 Jahren. Jüngere Kinder sind oft noch nicht bereit, Dinge abzugeben, die ihnen gehören, oder würden einen Tauschhandel vielleicht später bereuen.

**Material:** Tauschobjekte
**Alter:** ab 5 Jahren
(mit Variante ab 7 Jahren)

An einem vereinbarten Tag bringen die Kinder ein paar Gegenstände mit, die sie tauschen möchten. Das können kleine Spielsachen sein, ein selbstgemaltes Bild, ein besonders schöner Stein oder eine Muschel aus den letzten Ferien. Die Anzahl der mitzubringenden Gegenstände sollten die Kinder vorher gemeinsam festlegen. Empfehlenswert ist es, dass jedes Kind nicht mehr als fünf Dinge mitbringt.

Jedes Kind stellt seine Gegenstände den anderen in einer kleinen Erzählrunde vor. Jetzt kann getauscht werden. Nach dem Tauschen berichten die Kinder, was sie getauscht haben. Einen Tag später können die Kinder in einer Erzählrunde mitteilen, wie es ihnen mit dem Tausch ergangen ist. Hatten sie Spaß am Tauschen? Haben sie es bereut? Was haben sie mit den Tauschobjekten gemacht? Was ist anders am Tauschen als am Kaufen?

**Variante ab 7 Jahren:**

**Material:** Zettel für jedes Kind, Bleistift, leerer Karton

„Wenn du mir bei der Mathehausaufgabe hilfst, dann helfe ich dir beim Deutschaufsatz.“ – „Ich backe dir einen Kuchen, wenn du mir dafür dein Fahrrad einen Tag ausleihst.“ – „Ich bringe dir Schwimmen bei, wenn du mir die Englisch-Vokabeln abhörst.“ – „Du spielst mir ein Lied auf deiner Flöte vor und dafür passe ich mit dir zusammen auf deinen kleinen Bruder auf.“ – auch das sind Tauschhandel!

Die Kinder sammeln Ideen für einen Tauschhandel und schreiben diese auf Zettel auf. Alle Zettel in einem Karton sammeln. Die Spielleitung liest die Tauschvorschläge vor und die Kinder melden sich, wenn sie einen bestimmten Tauschhandel an einem vereinbarten Nachmittag miteinander ausprobieren möchten. Ein Erfahrungsaustausch am nächsten Tag ist auch hier sinnvoll.

Diskussionsanregung: Gibt es in unserer Kultur, abgesehen vom Kaufen, auch so etwas wie Tauschhandel? Was ist mit Festen wie Weihnachten, Ostern, Geburtstagen oder Hochzeiten? Was hat das Tauschen und Verleihen von Dingen für Folgen? Erinnern wir uns besser an jemanden, weil er uns mal ein Geschenk gemacht hat oder uns einen Gefallen getan hat?

# Essen und Trinken

Die Aborigines lebten früher vom Jagen und vom Sammeln von Honig, Früchten oder Insekten. Manchmal verschaffte ihnen auch das Ausgraben von essbaren Wurzeln oder Knollenfrüchten eine leckere und nahrhafte Mahlzeit. Um Wurzeln auszugraben hatten sie einen speziell dafür angefertigten Grabstock. Für die Jagd nahmen die Aborigines lange Speere mit Spitzen aus Steinen oder auch aus Tierknochen. Zum Kochen benutzten sie offene Feuerstellen. Sie zogen den getöteten Tieren weder die Haut ab noch bereiteten sie sie auf besondere Weise zu. Die Tiere wurden einfach so, wie die Aborigines sie erlegt hatten, über dem Feuer gegart. Die Arbeit war strikt nach Geschlechtern getrennt. Demnach war das Jagen von Tieren die Aufgabe der Männer. Die Frauen kümmerten sich um das Sammeln der Früchte und um das Ausgraben von Wurzeln.

## Bush tucker

*Bush tucker bedeutet übersetzt so viel wie Buschverpflegung und ist in Australien ein bekannter Begriff. Bush tucker geht auf die Jahrtausende alte Tradition der Aborigines zurück, Nahrung im Busch zu sammeln. Zu den Delikatessen des australischen Busches gehören Nüsse, Wüstenechsen, Engerlinge, Flaschenbaumblüten, viele verschiedene Wurzeln, gelbe Pflaumen und Buschtomaten.*

*Kindern macht das Suchen von Nahrungsmitteln im Wald, auf einer Wiese oder am Meer großen Spaß. Da Kinder in unserer westlichen Gesellschaft Nahrungsmittel oft nur aus dem Supermarkt und in industriell verarbeiteter Form kennen, ist Bush tucker zudem eine gute Übung, die Natur zu erkunden und festzustellen, welche Nahrungsmittel wild wachsen.*

*Die Kinder sollten allerdings nur in Begleitung Erwachsener suchen und unbedingt mit der Spielleitung besprechen, welche der gesammelten Pflanzen und Früchte essbar sind.*

**Material:** Pflanzenführer, Beutel zum Sammeln oder Dilly bags
**Alter:** ab 5 Jahren (in Begleitung eines Erwachsenen)

Mit Hilfe eines Pflanzenführers und unter Berücksichtigung der Jahreszeit und des ausgewählten Platzes zusammen mit den

Kindern überlegen, welche Pflanzen und Früchte sie sammeln können. Mit den Kindern auf Bush tucker-Suche gehen. Nach der Sammelaktion die gesammelten Nahrungsmittel gemeinsam mit den Kindern sichten; dabei prüft die Spielleitung noch einmal, ob alle Stücke zum Verzehr geeignet sind (je nach Herkunft waschen!). Was lässt sich aus den Pflanzen und Früchten machen? Haben die Kinder so etwas schon einmal gegessen? Kann man daraus Tee, Kuchen oder etwas anderes herstellen? Und wer traut sich zu probieren?

**Tipps zum Suchen:**

*Im Frühjahr:* wilde Erdbeeren, Löwenzahn, Johanniskraut, Malve.
*Im Sommer:* Brennnesseln, Himbeeren, Rosenblätter, Lindenblüten, Sonnenblumen, Hafer, wilder Majoran, Salbei, Zichorie, Baldrian, Holunderblüten.
*Im Herbst:* Ess-Kastanien, Bucheckern, Haselnüsse, Hagebutte, Schlehe, Walnüsse.

# Dilly bags

*Kleine Taschen, die so genannten Dilly bags, stellen die Aborigines aus Naturfaserschnüren her. Die Dilly bags dienen als persönliche Tragetaschen und zum Verstauen der Pflanzen und Früchte beim Bush tucker-Suchen.*

**Material:** acht Bastschnüre von einem Meter Länge, dünne Kordel, Gräser oder Wollreste, Schere
**Alter:** ab 6 Jahren

Vier Bastschnüre in ihrer Mitte so übereinander legen, dass die Form eines Sternes mit acht Strahlen gegeben ist. Den Mittelpunkt mit einer dünnen Kordel zusammenknoten. Diese acht Strahlen bilden das Gerüst des Dilly bags. Die Strahlen hochbiegen. Die anderen vier Bastschnüre zum Weben benutzen. Dabei einmal unter und einmal über die einzelnen Strahlen weben. Anfang und Ende der Bastschnüre müssen dabei immer ein wenig überlappen, damit keine Lücken entstehen können. Hochweben, bis die Strahlen noch wenige Zentimeter herausragen. Diese Enden um den Rand herum feststecken. Für den Tragegriff aus drei gleichlangen Gräsern oder aus Wollfäden einen Zopf flechten und die Enden mit Kordel am Dilly bag befestigen.

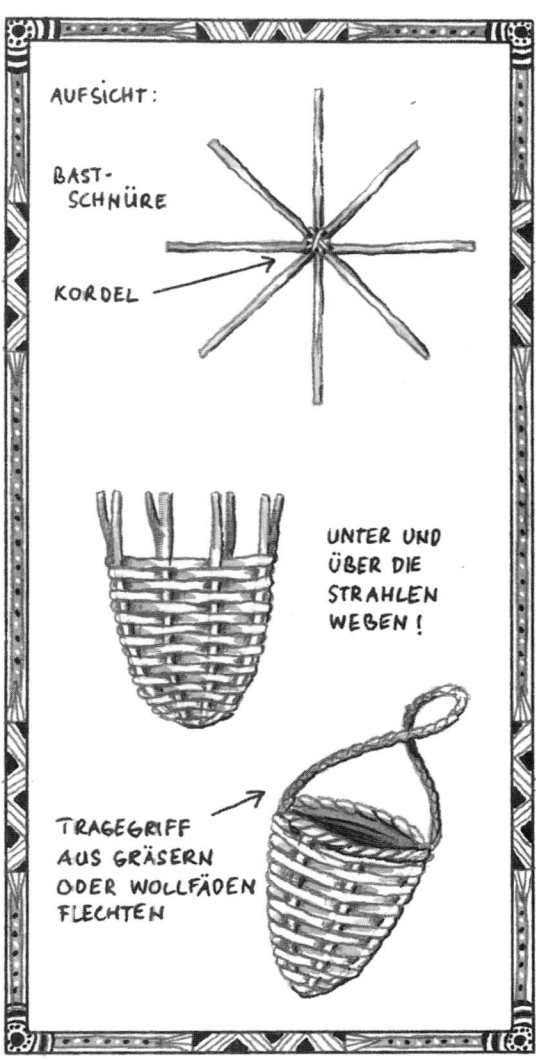

AUFSICHT:

BAST-
SCHNÜRE

KORDEL

UNTER UND
ÜBER DIE
STRAHLEN
WEBEN!

TRAGEGRIFF
AUS GRÄSERN
ODER WOLLFÄDEN
FLECHTEN

# Damper

*Aus zerriebenen Samen backten die Aborigines früher Brot über offenem Feuer. Dieses Brot heißt Damper. Damper essen die Aborigines auch heute noch zu allen Mahlzeiten und allen Gelegenheiten. Das Mehl kaufen sie inzwischen aber im Supermarkt.*

### Zutaten:

300 g Vollkornweizenmehl, 1 TL Salz, 1 TL Backpulver, 250 ml warmes Wasser, Mehl zum Bearbeiten, etwas Fett

Mehl, Salz, Backpulver und Wasser in einer Schüssel zu Teig verkneten. Wenn alles gut verknetet ist, aus dem Teig kleine Fladen machen und diese entweder in einer leicht gefetteten Pfanne oder im Backofen ungefähr 15 Minuten bei 175° C backen, bis das Damper eine goldbraune Farbe hat. Wer einen Gasherd besitzt, kann anschließend das Brot nochmal kurz in die Flamme halten, um den typischen Geschmack des Dampers zu bekommen. Hierbei ist jedoch äußerste Vorsicht geboten und es sollte auf jeden Fall ein Erwachsener dabei sein!

# Chutney aus Buschtomaten

*Wanki heißen die kleinen Buschtomaten in der Sprache der Pitjantjatjara, die im Gebiet des Uluru wohnen. Ein Chutney aus Buschtomaten schmeckt prima zum Damper. Buschtomaten wachsen hier leider nicht, also nehmen wir Cocktailtomaten, die vom Geschmack und vom Aussehen den australischen Buschtomaten sehr ähnlich sind.*

### Zutaten:

500 g Cocktailtomaten, 1 Apfel, 1–2 Zwiebeln, 60 ml Obstessig, 125 g brauner Zucker oder Honig, etwas Salz und Pfeffer

Tomaten und geschälte Apfel in kleine Würfel schneiden. Zwiebel halbieren, schälen und klein hacken. Alle Zutaten in einem Topf verrühren und einmal aufkochen lassen. Anschließend bei wenig Hitze unter ständigem Rühren so lange köcheln lassen, bis die Tomaten und der Apfel zerfallen sind. Vom Herd nehmen und in saubere Marmeladengläser mit Schraubverschluss füllen und vor dem Verzehr einen Tag lang im Kühlschrank ziehen lassen. Im Kühlschrank hält sich das Chutney ungefähr drei Tage.

# Busch-Tee

*Aus verschiedenen Kräutern und Pflanzen kochen die Aborigines leckeren Busch-Tee. Die Zutaten gibt es bei uns entweder in Bioläden oder in gut sortierten Teeläden.*

### Zutaten:

1 Teelöffel Hibiscus, 1 Teelöffel getrocknete Rosenblätter, 1 Teelöffel Minzblätter, Teekanne, 1 Liter kochendes Wasser, Teesieb, 1 Zitrone, Honig

Rosenblätter, Minzblätter und Hibiscus in einer Kanne mischen und mit kochendem Wasser übergießen (diesen Teil sollte ein Erwachsener übernehmen). Nachdem der Tee zehn Minuten gezogen hat, absieben. Zitrone auspressen und den Saft hinzugeben. Mit Honig abschmecken. Busch-Tee schmeckt an heißen Tagen auch kalt.

# Sonnenaufgangstee

*Diesen Tee trinken die Aborigines morgens zum Frühstück, wenn die Sonne aufgeht. Der Tee enthält Zichorie. Das ist die fleischige Wurzel einer Pflanze, die bei uns Wegwarte genannt wird und die auch hier in sonnigen Gebieten wächst. Wir kennen den Geschmack der Zichorie vom Getreidekaffe. Getreidekaffe, so genannter Muckefuck, enthält fast immer geröstete Zichorie. Zitronengras, auch Lemongras genannt, ist ein stark nach Zitrone riechendes Gras, das in wärmeren Gebieten wächst. Zitronengras gibt es in Bioläden zu kaufen.*

**Zutaten:**
1 Zichorie oder 1 – 2 Esslöffel Getreidekaffeepulver, 1 Teelöffel gehackte Minzblätter, 1 Teelöffel gehacktes Zitronengras, 1 Liter kochendes Wasser, Saft einer Zitrone, Honig nach Belieben

Zichorie in kleinen Stücken in einer Pfanne rösten. Wem dies zu aufwendig ist, der kann stattdessen Getreidekaffeepulver nehmen. Minzblätter, Zitronengras und Zichorie in einer Teekanne mit kochendem Wasser übergießen und zehn Minuten ziehen lassen. Anschließend absieben. Zitronensaft hinzufügen. Den Tee mit Honig abschmecken.

# Sonnenuntergangstee

*Dieser Tee eignet sich gut als Abendtee vor dem Schlafengehen.*

**Zutaten:**
1 Teelöffel zerkleinerte Kamille, 1 Teelöffel gehacktes Zitronengras, 1 Teelöffel zerkleinerte Passionsblume, 1 Liter kochendes Wasser, Honig

Kamille, Zitronengras und Passionsblume mit kochendem Wasser übergießen und zehn Minuten ziehen lassen. Anschließend absieben und mit Honig abschmecken.

# Schalen reichen

*Die Bewohner der kleinen Inseln in der Torresstraße vertreiben sich beim gemeinsamen Kochen die Zeit damit, sich gegenseitig im Rhythmus eines Liedes Kokosnussschalen zu reichen.*
*Dieses Spiel vertreibt Langeweile und kann immer dann gespielt werden, wenn mehrere Personen auf etwas warten: beim Kochen, an der Bushaltestelle oder bevor der Unterricht in der Schule beginnt. Dafür braucht man auch nicht unbedingt Schüsseln dabeizuhaben. Steine oder andere kleine Gegenstände tun es auch.*

**Material:** für jedes Kind eine kleine Schüssel oder Kokosnussschale
**Alter:** ab 5 Jahren

Die Kinder sitzen im Kreis. Jedes Kind hat in der linken Hand eine Kokosnussschale. Während ein Lied gesungen wird, gibt jedes Kind im Rhythmus des Liedes die Kokosnussschale aus der linken Hand dem Kind, das links von ihm sitzt, in die rechte Hand. Beim nächsten Taktschlag wandert die Schale von der rechten in die linke Hand. Die Kinder müssen ihre Bewegungen immer gleichzeitig ausführen. So werden die Schalen stets im Rhythmus weitergereicht.
**Hinweis:** Als Musik eignen sich besonders die Lieder *„Lach, Kookaburra"* (⊙ 13) und *„Wir kommen heim"* (⊙ 2).

TEEBAUM-ZWEIGE

# Heilpflanzen und Medizin

Die australischen Aborigines glauben, dass eine Reihe von Krankheiten dadurch entstehen, dass ein Mensch sich nicht an bestimmte Regeln hält. Wenn ein Mensch zum Beispiel ein Sprechverbot nicht beachtet oder einen heiligen Ort betreten hat, der nicht betreten werden darf, kann er ernsthaft krank werden oder schlimmstenfalls sterben. Bei solch einer Krankheit muss ein Heiler versuchen durch ein bestimmtes Ritual das Gleichgewicht des Kranken wieder ins Lot zu bringen. Für kleinere Beschwerden kennen die Aborigines viele pflanzliche Arzneimittel wie zum Beispiel Eukalyptusöl als Desinfektionsmittel und Farnkraut gegen Bisse von Insekten. Eine besondere Arznei aus der Apotheke der Aborigines ist ein Öl, das aus den Blättern des Baumes *Melaleuca alternifolia* gewonnen wird. Dieser Baum ist inzwischen als Teebaum bei uns bekannt. Die Aborigines zerreiben die Blätter des Teebaumes in ihren Händen. Dadurch werden die ätherischen Öle frei und sie können sie einatmen, wenn sie erkältet sind. Oder die Blätter werden zum Inhalieren auf erhitzte Steine gelegt. Außerdem zerhacken die Aborigines die Blätter des Teebaums, um sie in offene Wunden zu legen. Darüber machen sie einen Verband aus Rinde. Die Blätter des Teebaumes helfen bei Rheuma, Erkältungen, Entzündungen und Mundgeruch. Es ist übrigens bewiesen, dass ein paar Tropfen Teebaumöl auch scheußliche Pickel und sogar Fußpilz vertreiben können!

# Schnupfenöl

*Mit diesem Schnupfenöl verschaffen sich die australischen Aborigines ein wenig Linderung bei einem schlimmen Schnupfen. Die Öle gibt es in einem Bioladen oder einem Kosmetikladen. Nur 100 %iges, reines ätherisches Öl verwenden! Bei den Ölen handelt es sich um Heilmittel, die zwar unbedenklich sind, dennoch sollten Kinder mit den Ölen nicht unbeaufsichtigt gelassen werden!*

**Zutaten:**

gleiche Mengen von Teebaumöl, Rosmarinöl und Thymianöl, Gefäß zum Mischen der Öle, Taschentuch

Die ätherischen Öle zu gleichen Teilen vermischen. Ein paar Tropfen in ein Taschentuch träufeln und einatmen.

# Öl gegen Blutergüsse

*Wenn die Aborigines einen schmerzhaften Bluterguss haben, weil sie sich beim Jagen oder beim Spielen verletzt haben, verwenden sie ebenfalls Teebaumöl.*

**Zutaten:**

1 Teelöffel Teebaumöl, 3 Teelöffel Pflanzenöl, Gefäß zum Mischen der Öle, Verband

Teebaumöl mit Pflanzenöl vermischen und auf Blutergüsse oder Prellungen auftragen und einwirken lassen. Betroffene Stellen mit einem Verband umwickeln.

# Stirnband gegen Kopf- schmerzen

*Bei Kopfschmerzen binden sich die Aborigines ein Stirnband aus Schnüren ganz straff um den Kopf. Das soll die Schmerzen lindern. Um ein solches Stirnband herzustellen, müssen sich die Kinder zu zweit zusammentun.*

**Material:** Kordel, Hanfschnur oder Stoffbänder, eventuell Perlen zum Aufziehen
**Alter:** ab 5 Jahren

Drei Bänder aus Stoff, Kordel oder Hanfschnur auf die Länge von 1,20 Meter zurechtschneiden und an einem Ende verknoten.
Ein Kind hält das Ende mit dem Knoten fest, während das andere Kind die Bänder zu einem Zopf flicht.
Das geflochtene Band auf das Eineinhalbfache des jeweiligen Kopfumfangs zurechtschneiden und die Enden miteinander verknoten. Hübsch sieht es aus, wenn die Kinder vereinzelt kleine Perlen einflechten. Dafür die Perle auf den rechten Flechtstrang aufziehen, bevor dieser beim Flechten in die Mitte gelegt wird.

# Schmuck und Kleidung

Wegen der großen Hitze in Australien brauchten die Aborigines nie besonders viel zum Anziehen. In vielen Gegenden war Kleidung wegen des Klimas gar nicht nötig. Früher benutzten die Menschen in den kühleren Gebieten vor allem Felle von Kängurus oder Beutelratten als Mäntel oder Lendenschurze. Heute tragen die Aborigines T-Shirts und kurze Hosen. Kleidung dient jedoch nicht nur als Schutz vor Kälte, sondern schmückt auch unseren Körper. Da die Aborigines Körperschmuck lieben, aber wenig Kleidung benötigten, machten sie sich aus Muscheln und Pflanzenfasern Schmuck. Aus Steinen, Tiersehnen, Känguruzähnen und Pflanzenfasern stellen sie auch heute noch Gürtel, Ketten und Armbänder her.

## Halsschmuck

*Die Aranda in Zentralaustralien machen wunderschöne Halsketten aus Samenhülsen des Korallenbaumes. Die Samenhülsen sehen genauso aus wie die Eichelhütchen, die es in unseren Wäldern zu finden gibt.*

**Material:** Eichelhütchen, Nadel, Schnur
**Alter:** ab 5 Jahren

Die Hütchen von den Eicheln trennen. (Im warmen Wasser lassen sie sich übrigens besser ablösen.)
Mit der Nadel in der Mitte kleine Löcher hineinstechen und die Hütchen auf eine Schnur fädeln. Die Schnur kann aus Garn oder Leder sein.
In beide Enden einen Knoten machen, damit die Hütchen nicht herunterfallen.
Um den Hals legen und mit einem Knoten verschließen.

HALSSCHMUCK

# Haarschmuck

*In manchen Gegenden benutzen die Aborigines Tier- oder Fischknochen und Federn als Haarschmuck. Die krausen Haare der Aborigines können auf einfache Weise mit kleinen Stöckchen und Knochen geschmückt werden, ohne dass der Schmuck gleich wieder herausfällt. Bei Menschen mit glatten Haaren ist das schon etwas schwieriger. Die müssen auf jeden Fall mehrere Stöckchen ins Haar stecken, damit die Frisur hält.*

**Material:** kleine Stöckchen, Messer, Schmirgelpapier, Federn
**Alter:** ab 6 Jahren für Kinder mit langen Haaren (mit Variante)

Kleine Stöckchen mit dem Messer von der Rinde befreien und die Enden abschmirgeln. Kerben und Rillen als Verzierung hineinschnitzen.
Haare am Hinterkopf zu einem Pferdeschwanz binden und viele Male drehen. Mit mehreren Stöckchen am Kopf feststecken und den Knoten mit Federn schmücken.

**Variante:** Auch einzelne Haarpartien können auf diese Weise hoch gesteckt werden.

# Gürtel

**Material:** Ton, Schaschlikspieß, Gräser oder Bast
**Alter:** ab 6 Jahren

Aus dem Ton kleine Kugeln formen, mit einem Schaschlikspieß ein Loch in die Kugeln bohren und die Kugeln eine Nacht trocknen lassen.
Fünf Bastschnüre oder Gräser zusammengebündelt an einem Ende mit einer weiteren Bastschnur verknoten.
Die Schnüre oder Gräser umeinander winden und vereinzelt die getrockneten Tonperlen auffädeln.
Sind genug Perlen aufgefädelt, das zweite Ende des Gürtels ebenfalls fest verknoten: Kleine Schnüre oder Gräser um den Gürtel wickeln und verknoten.

# Körperbemalung

*Um ihren Körper für festliche Angelegenheiten zu schmücken, bemalen sich die Aborigines mit rotem und gelbem Ocker, schwarzer Kohle oder weißem Kaolin. Um sich vor Insektenstichen zu schützen, reiben sie ihren Körper mit Tierfett ein. Das vertreibt die Insekten wegen des nicht sehr angenehmen Geruchs, den das Tierfett hat. Die Muster der Bemalungen haben oftmals eine Bedeutung. Manchmal stellen sie das Totemtier des Einzelnen oder das der Gruppe dar.*

**Material:** Fettcreme, Theaterschminke oder Wasserfarben für Körperbemalungen
**Alter:** ab 6 Jahren

Die Mädchen der Alywarra malen sich besonders hübsche Muster auf ihren nackten Oberkörper.

Die Kinder schauen sich zunächst das Muster genau an.

Bevor sich die Kinder gegenseitig anmalen, sollten sie ihren nackten Oberkörper gut mit einer Fettcreme einreiben. Am besten zu zweit zusammentun und abwechselnd die Partnerin oder den Partner bemalen.

Unterhalb vom Hals von einer Schulter zur anderen vier gebogene Linien malen, die zusammen wie eine dicke schwere Kette aussehen. Von der unteren Linie aus einen Halbmond über jede Brustwarze malen. In diesem Halbmond noch drei weitere Linien malen, die von der Brustwarze aus bis zur unteren Linie führen. Weitere vier Linien quer über die Oberarme malen, die wie Armreifen aussehen.

# Armut, Arbeitslosigkeit und Alkohol – die Situation der Aborigines heute

Viele Aborigines leben heute nicht mehr in den Gebieten ihrer Vorfahren, sondern in den Städten. Häufig leben sie dort für sich als kleine Minderheit und vom Leben der weißen Australier abgeschieden. Sie sind immer noch den Weißen gegenüber im Nachteil. Das macht sich bemerkbar in der Schulbildung und im Arbeitsleben. Armut und Krankheit betreffen die Aborigines weit häufiger als die übrige australische Bevölkerung.

Bis zur Ankunft der Europäer in Australien kannten die Aborigines kein Geld und keinen persönlichen Besitz. Das, was eine Gemeinschaft besaß, gehörte keinem Einzelnen, sondern allen. Alles, was die Aborigines brauchten, fanden sie in der Natur und alles wurde untereinander geteilt.

Sie sahen den Sinn ihres Daseins in der täglichen Suche nach Nahrung, in den vielen Zeremonien und in ihren Geschichten, in den Tänzen und in ihrer Musik. Aus diesem Grund konnten sie so leben wie schon ihre Vorfahren vor vielen tausend Jahren. Eine Veränderung ihres Lebens war für die Aborigines nicht notwendig.

Da die Aborigines gezwungen wurden, das Leben ihrer Vorfahren aufzugeben, ist es nicht verwunderlich, dass viele Aborigines große Probleme bekommen haben. Eines dieser Probleme ist, neben Armut und Arbeitslosigkeit, der Alkohol. Viele Aborigines starben an den Folgen von zu viel Alkohol.

Lautstark versuchen die Aborigines heute auf ihre Situation aufmerksam zu machen. Es gibt Popmusiker, Schriftsteller, Künstler und Politiker unter den Aborigines, die sich für die Rechte der Aborigines und den Erhalt ihrer Kultur einsetzen. Sie wollen wieder ihre Traditionen leben können. Die Europäer sollen ihnen ihr Land zurückgeben. Erst seit dem Jahre 1967 dürfen die Aborigines überhaupt an den australischen Wahlen teilnehmen.

Bis zu diesem Zeitpunkt waren die Aborigines noch nicht einmal als australische Staatsbürger anerkannt. Sie besaßen keinen Pass und konnten daher Australien nicht verlassen.

Im Jahre 1972 ließen sich einige Aborigines etwas Besonderes einfallen, um deutlich zu machen, wie ungerecht sie bisher von den eingewanderten Europäern behandelt worden waren. Genau gegenüber dem Regierungsgebäude der weißen Australier in der Hauptstadt Canberra bauten sie ein Zelt auf und nannten dies *Aboriginal tent embassy*, was soviel wie *Zelt-Botschaft der Aborigines* bedeutet. Eine Botschaft ist die Vertretung eines Staates in einem anderen Staat. Die Aborigines haben jedoch im Land der weißen Australier keine Vertretung ihrer Angelegenheiten. Mit dem Errichten einer *Botschaft der Aborigines* wollten sie zeigen, dass sie weder als eigentliche Besitzer des australischen Kontinents anerkannt werden noch mitbestimmen dürfen, was die australische Regierung beschließt.

Inzwischen versucht die australische Regierung, die Kultur der Aborigines mehr zu achten und zu würdigen. Es gibt Zentren und Festivals, um die Kultur der Aborigines zu stärken. Doch das, was in der Vergangenheit geschehen ist, ist dadurch nicht wieder rückgängig zu machen.

# Schwarzes Mädchen – Schwarzer Junge

T. & M.: Pit Budde ⊙ 19

*Viele Aborigineskinder sind ihren Eltern weggenommen worden, damit weiße kinderlose Ehepaare endlich ein Kind adoptieren konnten. Die Kinder der so genannten „Lost generation" sind heute Erwachsene auf der Suche nach ihrer Herkunftsfamilie und ihrer Geschichte. Oftmals bleibt ihre Suche erfolglos. Sie prangern die australische Regierung für ihr unmenschliches Handeln von damals an. Das, was ihnen angetan wurde, lässt sich nicht mehr gutmachen.*

Schwar-zes Mäd-chen, schwar-zer Jun-ge. In ei-ner frem-den, wei-ßen Welt.

Schwar-zes Mäd-chen, schwar-zer Jun-ge. Was hier zählt ist nur das Geld.

Auf dem As-phalt kannst du nicht ma-len, wie in fei-nem ro-ten Sand.

Dei-ne Fü-ße spür'n nicht die Er-de, wie in fei-nem ro-ten Sand.

Bar-fuß um die Wet-te lau-fen kannst du nicht im La-den kau-fen.

Bar-fuß um die Wet-te lau-fen kannst du nicht im La-den kau-fen.

Schwarzes Mädchen – Schwarzer Junge
In einer fremden, weißen Welt
Schwarzes Mädchen – Schwarzer Junge
Was hier zählt ist nur das Geld

In der Stadt kannst du nicht träumen
Wie im großen weiten Busch
Dein Zuhause liegt in der Ferne
Dort im großen weiten Busch

Barfuß um die Wette laufen
Kannst du nicht im Laden kaufen
Barfuß um die Wette laufen
Kannst du nicht im Laden kaufen

# Die Traumzeit

Wie alle anderen Menschen auf dieser Erde haben auch die Aborigines eine eigene Vorstellung davon, wie die menschliche Welt erschaffen wurde. Für sie begann alles mit einer mythischen Schöpfungszeit.

Das Volk der Aranda in Zentralaustralien nennt diese Zeit *Altjira* und das Volk der Diyari, ebenfalls in Zentralaustralien zu Hause, nennt diese mythische Schöpfungszeit die *Mura*.

Es ist sehr schwer diese Wörter in unsere Sprache zu übersetzen, denn das hieße, dass es in unseren Vorstellungen etwas Ähnliches geben müsste. Mura und Altjira wird bei uns als Traumzeit übersetzt.

Die Traumzeit ist ein Zustand aus der Vergangenheit, der ewig dauert. Aber was geschah in der Traumzeit? Die Aborigines berichten, dass vor sehr, sehr langer Zeit auf der Erde ein völliges Durcheinander herrschte. Es lebten noch keine richtigen Menschen und auch keine Tiere. Nur ein paar Wesen wandelten umher. Die Traumzeit-wesen kamen aus der Erde, wo sie einst unter der Oberfläche geschlafen hatten. Es gab keine Landschaften, keine Flüsse und auch keine Berge in der Traumzeit, denn alles lag wild durcheinander herum. Eines Tages begannen die Traumzeitwesen die Erde aufzuräumen. Entlang der Wege, die sie gingen, formten sie Landschaften und Wasserlöcher, hängten die Gestirne an den Himmel und stellten Bäume und Berge auf. Zuletzt schufen sie die Menschen. Als alles fertig war, verkrochen sich viele der Traumzeitwesen wieder unter die Erd-oberfläche, um zu schlafen und zu träumen. Manche Wesen verzogen sich in den Himmel und andere verwandelten sich in Teile des Landes.

Dass in der Traumzeit die mythischen Wesen die Welt geschaffen haben, bedeutet für die Aborigines keinesfalls, dass es vor dieser Zeit überhaupt nichts gegeben hat. Die Welt war in den Vorstellungen der Aborigines auch schon vor der Traumzeit vorhanden, doch der Unterschied ist, dass

51

die Dinge bis zur Traumzeit keinerlei Bedeutung hatten. Alle Gesetze der Natur, alle Regeln im Leben der Gemeinschaft und die Eigenschaften aller Lebewesen und Dinge haben erst die Traumzeitwesen festgelegt. Das gesamte Leben der Aborigines orientiert sich daher an ihrem Glauben an die Traumzeit und an ihrem Glauben an das Träumen.

Es gibt viele Geschichten um die Traumzeitwesen und deren Reisen und um die mythischen Orte, an denen sich diese aufhielten. Die Aborigines betrachten sich als die direkten Nachkommen der Traumzeitwesen. Sie fühlen sich daher sehr eng mit dem eigenen Volk und dem Ort verbunden, den ihre mythischen Vorfahren geschaffen haben. Zudem werden die Aborigines im täglichen Leben, wenn sie die Berge, Flüsse und Landschaften um sich herum betrachten, immer an die Traumzeitwesen erinnert. Die Traumzeitwesen ruhen an allen möglichen Orten, zum Beispiel unter der Erde, in Felsen oder in Bäumen. Diese Orte sind für die Aborigines Orte mit besonderer Kraft. Die Menschen können die Kraft der Traumzeitwesen nutzen. Durch Rituale wie beispielsweise Tänze, Gesänge oder das Malen von Bildern kommen die Aborigines in engen Kontakt mit den Traumzeitwesen und bekommen ein Stück ihrer Kraft geschenkt. Die Aborigines sind der Meinung, dass alles, was sie tun und denken, von ihren mythischen Vorfahren bestimmt wird. Immer wieder wandeln die Traumzeitwesen in Menschengestalt oder als Tier umher und immer wieder legen sie sich zurück in die Felsen, in die Bäume und Sträucher oder tief unter die Erde. Die Traumzeitwesen haben die Menschen geschaffen. Stirbt ein Mensch, dann sagen die Aborigines, dass dieser Mensch wieder ins Land geht, dorthin, wo die Traumzeitwesen ruhen.

### Der Traumpfad des Dingo-Ahnen

*„Seine roten Augen glühen.*
*Hinter offenen Fängen lauert seine rote Zunge.*
*Im Land seiner Sandberge wehen heiße Winde.*
*Der rote Staub erhebt sich.*
*Er verlässt das Lager in Niljerkia.*
*Der Große Dingo verlässt sein Lager.*
*Und zieht durch die Sandhügel.*
*Ngolya der Dingo führt seine Herde*
*aus dem Land der Staubstürme.*
*Er kommt nach Intia, trinkt sich satt*
*und ruht sich am Wasser eine Weile aus.*
*Dann eilt er weiter nach Westen.*
*Seine Krallen zeichnen die Erde, er schleudert den Sand auf*
*in seinem Lauf nach Westen.*
*Hinter bloßen Fängen glüht seine rote Zunge."* (3)

# Wir kommen heim

⊙ 2
M.: Pit Budde
T.: Marion Ansorge, Pit Budde

Wir kom - men aus der Wüs - te, kom - men heim.

Wir ge - hen uns - re Pfa - de, kom - men heim.

Schwes - ter gib mir dei - ne Hand. Bru - der, gib mir dei - ne Hand.

Wir al - le kom - men, kom - men heim.

Wir wandern durch die Nacht und kommen heim
Wir wandern durch die Nacht und kommen heim
Die Sterne leiten uns, wir kommen heim
Die Sterne leiten uns, wir kommen heim
Schwester, gib mir deine Hand
Bruder, gib mir deine Hand
Wir alle kommen, kommen heim
Wir alle kommen, kommen heim

Wir steigen auf den Berg und kommen heim
Wir steigen auf den Berg und kommen heim
Wir ziehen durch das Tal und kommen heim
Wir ziehen durch das Tal und kommen heim
Schwester, gib mir deine Hand
Bruder, gib mir deine Hand
Wir alle kommen, kommen heim
Wir alle kommen, kommen heim

# Rosie besucht ihre Großeltern

Ich will euch Rosie vorstellen. Rosie ist elf Jahre alt und lebt mit ihren Eltern in Sydney. Sydney ist eine große Stadt im Süden von Australien. Dort geht Rosie zur Schule. Aber heute haben die Sommerferien begonnen und Rosie wird in den Ferien ihre Großeltern besuchen.

Rosies Großeltern leben im Norden Australiens auf dem Land in einer Aboriginesgemeinde. Die Ureinwohner Australiens heißen Aborigines. Das sind jene Menschen, die schon lange in Australien gelebt haben, bevor sehr viele Europäer nach Australien ausgewandert sind.

Rosie muss viele Kilometer mit dem Flugzeug fliegen und eine lange Strecke mit dem Bus übers Land fahren, bis sie in dem kleinen Dorf ihrer Großeltern ankommt. Australien ist nämlich ein riesiger Kontinent. Will man vom Norden in den Süden reisen, ist das ungefähr so weit wie von Hamburg bis nach Ägypten.

Rosie freut sich sehr auf die Ferien bei ihren Großeltern. Rosies Großeltern wohnen in einem kleinen Haus. Aber das Haus ist nicht etwa aus Stein oder gar Beton gebaut wie die vielen Wolkenkratzer in Sydney, sondern aus einem Baum. Das Haus hat ein Gerüst aus Ästen und Zweigen und über die Äste hat der Großvater dicke Rindenstücke gelegt. So hat das Haus Wände und ein Dach. Hinter dem Haus hat die Großmutter einen kleinen Garten, in dem Kürbisse und Zwiebeln wachsen und manchmal auch Zucchini. Der Großvater erzählt oft, dass die Aborigines früher keine festen Häuser hatten, sondern abends nur eine Feuerstelle errichtet haben. Zum Schlafen war es dort warm genug, wenn man sich dicht aneinander gekuschelt hat und man nah am Feuer lag.

In dem kleinen Aboriginesdorf lebt auch Rosies Freundin Amy. Mit Amy und den anderen Kindern des Dorfes wird Rosie nun wieder jeden Tag auf dem Dorfplatz spielen. Die Kinder dort kennen viele Spiele. Rosie mag das Busch-Memory besonders gerne.

Von Amy hat Rosie außerdem gelernt, wie man aus Samenhülsen wunderschöne Ketten bastelt. Das war an dem Tag, als Amys Vater sie zum Fischfang mitgenommen hat. Mit einem langen Speer ist Amys Vater ganz vorsichtig im Fluss umhergewatet. Wenn er einen Fisch entdeckt hatte, dann hat er ihn mit dem Speer aufgepickt. Rosie hatte zuerst ein bisschen Angst vor den vielen Krokodilen im See. Aber dann ist sie auch mit Amy in den See gegangen. Sie haben eine Schildkröte gefangen und ein paar Seerosen gepflückt. Anschließend haben sie den Fisch im Feuer geröstet und die Schildkröte zerlegt und auf heißen Steinen gebraten. Die Seerosen haben sie zum Nachtisch gegessen. Das war ein köstliches Essen! Um Feuer zu machen hat Amys Vater einen Holzstab benutzt, den er ganz schnell in einem Loch eines anderen Stück Holzes hin und her gedreht hat. Das hat Rosie gut gefallen.

Rosie mag es auch, wenn Großvater ihr die alten Geschichten erzählt. Das sind Geschichten aus der Zeit, als es noch keine Menschen auf der Erde gab und die Traumzeitwesen über das Land zogen und überall ein ziemliches Chaos herrschte. Besonders gerne hört Rosie die Geschichte von Djarrewarre, dem wilden Honigwesen. Als vor langer Zeit noch keine Menschen auf der Erde lebten, da schlenderte nämlich Djarrewarre durch den Norden Australiens. Großvater meint, dass Djarrewarre nicht aussah wie ein Tier, sondern eher wie ein Bienennest auf zwei Beinen. Aber Djarrewarre war nicht das einzige Wesen, das auf der Erde umherzog. Da gab es noch den Wassersalamander, die Regenbogenschlange, das Känguru und die großen grünen Ameisen. Damals lagen überall Bäume, Sterne und Felsen herum und die Flüsse hatten noch kein Wasser. Aber dann begannen die Traumzeitwesen, die Erde aufzuräumen und für die Ankunft der Menschen vorzubereiten. Großvater erzählt, dass die Traumzeitwesen die Sterne an den Himmel hängten, die Bäume aufstellten, die Gräben für die Flüsse gruben und für Regen und Wind sorgten, bis die Erde für die Menschen bewohnbar wurde. Dann nannte Djarrewarre es das Land vom wilden Honig und die Menschen, die dort lebten, nannte er die Menschen vom wilden Honig. Djarrewarre und die anderen Traumzeitwesen zogen sich nun zurück unter die Erde und fielen in einen tiefen Schlaf. Das Leben der Menschen begann. Großvater erklärt, dass in den Träumen der Traumzeitwesen die Menschen vom wilden Honig leben. Alles, was sie erleben und tun, geschieht nur deshalb, weil es im Traum der Traumzeitwesen passiert. Das ist der Anfang der Aborigines, wie Großvater meint. (4)

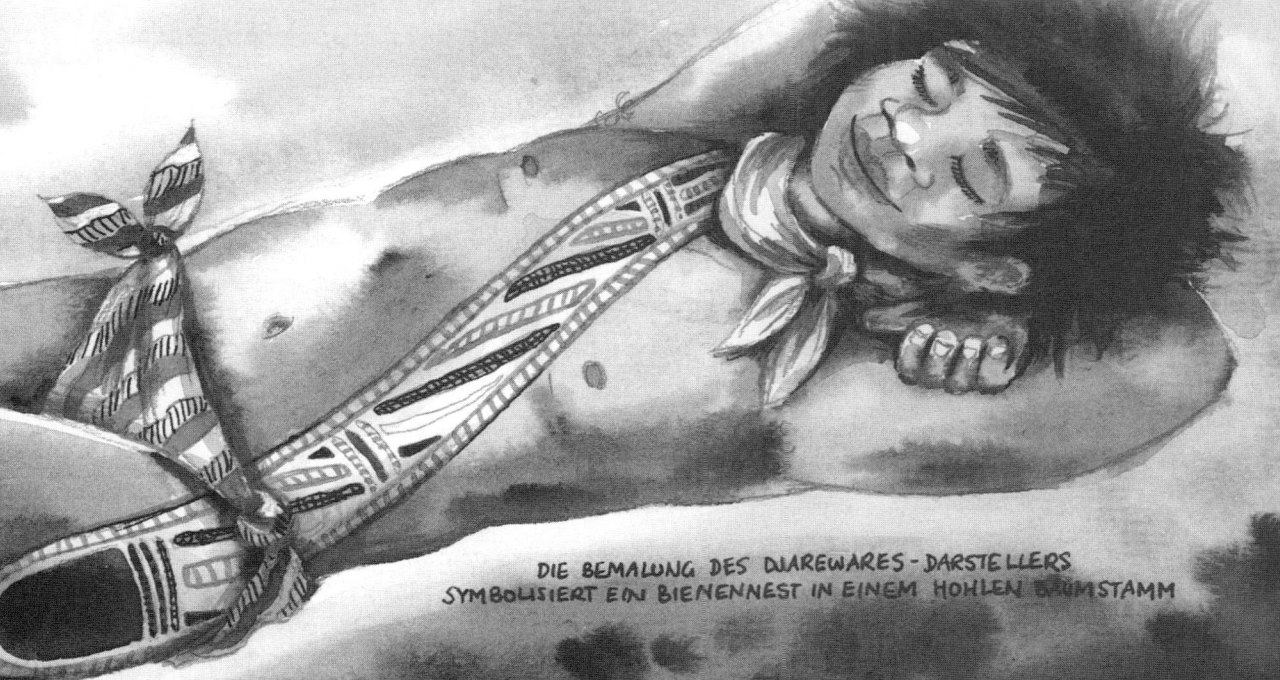

DIE BEMALUNG DES DJARREWARRES-DARSTELLERS SYMBOLISIERT EIN BIENENNEST IN EINEM HOHLEN BAUMSTAMM

# Wie sah Djarrewarre aus?

*Rosie möchte gerne wissen, wie Djarrewarre ausgesehen hat, aber Großvater kann ihr diese Frage nicht so recht beantworten. Sah Djarrewarre nun aus wie ein Tier oder eher wie ein Bienennest auf zwei Beinen? Und wie sieht überhaupt ein Bienennest auf zwei Beinen aus?*

**Material:** Papier, Buntstifte oder Wachsmalkreiden
**Alter:** ab 4 Jahren

Die Kinder entwerfen ein Bild von Djarrewarre, so wie sie ihn sich vorstellen. Sie können ihn auch malen, wie er die Erde aufräumt, wie er die Menschen vom wilden Honig formt oder wie er unter Erde schläft und träumt.

# Der Bienentanz

*Die Menschen, die im Land vom wilden Honig leben, tanzen bei ihren Festen den Bienentanz. Sie haben die Bienen genau beobachtet und sehen, dass sie in einer Linie hintereinander herfliegen, aber manchmal wieder auseinander strömen. Genauso geht der Bienentanz. Oft werden die Bienen durch eine schön verzierte Schnur mit orangefarbenen Vogelfedern dargestellt.*

**Material:** zwei lange Schnüre, an die bunte Federn gebunden sind, Schlagstöcke, Klanghölzer, Musik
**Alter:** ab 5 Jahren

Ein Teil der Kinder bildet zwei Reihen, die sich gegenüberstehen. Jede Reihe hält eine Tanzschnur fest, die so lang sein sollte wie die Reihe. Jedes Kind einer Reihe hält die Schnur mit beiden Händen vor seinem Körper. Die Spielleitung und die übrigen Kinder schlagen die Schlagstöcke und die Klanghölzer im Takt der Bewegungen gegeneinander.

Bei allen Kindern ist das Körpergewicht zunächst auf den linken Fuß verlagert.

Die Kinder heben den rechten Fuß an, tippen mit den Zehen kurz auf die Erde, setzen einen Schritt weiter den ganzen Fuß auf und ziehen nun den linken Fuß nach und setzen ihn auf.

Beide Füße stehen nebeneinander. Dabei wippen die Kinder mit den Knien.

Mit dieser Schrittfolge bewegen sie sich nach rechts.

Die beiden Reihen bewegen sich auf diese Weise voneinander weg in unterschiedliche Richtungen.

Die Spielleitung gibt nun das Kommando, um die Richtung zu wechseln, und alle bewegen sich nach links. Dabei wird der linke Fuß angehoben, mit den Zehen kurz auf die Erde getippt und einen Schritt weiter aufgesetzt und der rechte Fuß angezogen und wieder aufgesetzt.

Die beiden Reihen können mit dieser Schrittfolge auf Kommando einen geschlossenen Kreis bilden und sich wieder voneinander trennen und in zwei sich gegenüberstehenden Reihen tanzen.

**Hinweis:** Für diesen Tanz eignen sich die folgenden Stücke: *Bienenflügel* (⊙ 9), *Das rote Herz* (⊙ 6), *Der Koala ist kein Bär* (⊙ 11).

# Bienenflügel

T. & M.: Pit Budde

9

C　　　　　　　F　　　　　　G　　　　　　　C

Sum sum sum se - rum sum sum, 　　　sum sum sum se - rem sum sum.

G　　　　　　　C　　　　　　G　　　　　　　C

Bie - nen - flü - gel sum - men, sum - men. Bie - nen - flü - gel brum - men, brum - men.

C　　　　　　　F　　　　　　G　　　　　　　C

Wer will gut - ten Ho - nig ha - ben, sucht nach schwe - ren vol - len Wa - ben.

C　　　　　　　F　　　　　　G　　　　　　　C

Wer will gu - ten Ho - nig ha - ben sucht nach schwe - ren, vol - len Wa - ben.

Sum sum sum serum sum sum
Sum sum sum serum sum sum
Bienenflügel summen – summen
Bienenflügel brummen – brummen

Wer will guten Honig haben
Sucht nach schweren, vollen Waben

Sum sum sum serum sum sum...

Wer will süßen Honig schlecken
Darf sich nicht im Haus verstecken

Sum sum sum serum sum sum...

Biene flieg' zu bunten Blumen
Wir woll'n dich nicht lange suchen

Sum sum sum serum sum sum...

Wer will guten Honig haben
Sucht nach schweren, vollen Waben

# Der kleine Geist in meinem Körper

*Für uns Angehörige der westlichen Kultur hat das Träumen eine andere Bedeutung als für die Aborigines. Wir träumen nachts im Schlaf von Dingen, die wir tagsüber erlebt haben. Wir kennen Alpträume und Tagträume. Wir benutzen Redensarten wie „Träume sind Schäume" und bezeichnen Menschen als „Traumtänzer" oder „Träumer". Für uns haben Träume ihren Ursprung in unseren Fantasien. Träume sind für uns Sinnestäuschungen. Für die Aborigines ist das Träumen jedoch ein natürlicher Aspekt des Lebens. Sie unterscheiden nicht wie wir zwischen Traum und Wirklichkeit, denn Träume sind für sie die Wirklichkeit.*

*Die Aborigines hatten weder Fernsehen noch Bücher, doch ihre Vorstellungskraft war enorm. Sich Dinge bildhaft vorzustellen soll Ziel dieser einfachen Meditationsübung sein. Die Kinder sollen dazu angeregt werden, sich mit ihrer eigenen Vorstellungskraft und mit ihren Träumen spielerisch auseinander zu setzen. Gleichzeitig kann diese Übung als Entspannung wahrgenommen werden. Hier gilt: Nur wer Lust hat, soll mitmachen und wem es nicht mehr behagt, hat das Recht aufzuhören.*

**Material:** ruhige Musik, eine Decke und warme Socken für jedes Kind
**Alter:** ab 7 Jahren

Jedes Kind bekommt eine Decke, auf die es sich legt, und warme Socken für die Füße. Die Kinder legen sich auf dem Boden sternförmig in einem Kreis zusammen; die Köpfe zeigen zum Kreisrand hin. Der Raum ist abgedunkelt und die Kinder halten die Augen geschlossen. Zu einer ruhigen Musik fordert die Spielleitung die Kinder auf sich vorzustellen, dass ein kleiner netter Geist zu Besuch in ihrem Körper ist. Die Spielleitung nennt mit ruhiger und sanfter Stimme die Stationen des kleinen Geistes. Sie achtet darauf, dass sie allen die nötige Zeit lässt, sich das Geschehen vorzustellen. Die Kinder können sich nach der Meditation in einer Erzählrunde austauschen, wie es ihnen bei dieser Übung ergangen ist.

**Vorschlag für den Meditationstext:**
„Der kleine Geist will sich alle meine Körperteile genau anschauen.

Zuerst sitzt der kleine Geist auf meiner Nasenspitze. Er betrachtet meine Nase ganz genau. Er schaut in das rechte Nasenloch, streicht über meinen Nasenflügel und verweilt einen Moment. Dann steckt er seinen Kopf in das linke Nasenloch und schaut hinein. Er streicht über meinen Nasenflügel und verweilt wieder einen Moment.

Der kleine Geist hüpft von meiner Nasenspitze auf mein linkes Augenlid. Er verweilt dort einen Moment. Dann streichelt er die Wimpern meines linken Auges. Er springt auf mein rechtes Augenlid und verweilt einen Moment. Dann streichelt er die Wimpern meines rechten Auges.

Von dem rechten Auge springt der kleine Geist auf meine Lippen und schaut sie sich an. Sind die Lippen dick und weich? Oder zart und schmal? Ich öffne den Mund und der kleine Geist kann hineinspringen. In meinem Mund ist es ganz warm und dunkel, wie in einer Höhle. Der kleine Geist verweilt einen Moment in meinem Mund. Dann rollt er über die Zunge in meinen Hals.

Jetzt geht seine Reise durch den Hals in meinen Bauch. Er verweilt einen Moment in meinem Bauch.

Der kleine Geist springt von dort in meinen linken Arm. Er schaut sich den Arm genau an. Ist er lang und dünn? Oder kurz und kräftig?

Er geht durch meinen Arm in meine Hand, in meine Finger. Zuerst ist er in dem Daumen und verweilt dort einen Moment. Dann geht er in den Zeigefinger, in den Mittelfinger, in den Ringfinger und zuletzt in den kleinen Finger.

Er läuft zurück durch den Arm, durch meine Brust in den rechten Arm. Er schaut sich auch den rechten Arm genau an. Ist er lang und dünn? Oder kurz und kräftig? Er geht durch meinen rechten Arm in meine rechte Hand, in meine Finger. Zuerst ist er in dem Daumen und verweilt dort einen Moment. Dann geht er in den Zeigefinger, in den Mittelfinger, in den Ringfinger und zuletzt in den kleinen Finger.

Jetzt macht der kleine Geist einen großen Sprung durch meinen Bauch zu meinem linken Bein. Er schaut sich mein Bein genau an. Ist es lang und dünn? Oder kurz und kräftig? Er schaut sich das Knie an. Dann geht er in den Fuß hinein und schaut sich die Zehen an. Zuerst den großen Zeh, dann die anderen Zehen. In jedem Zeh verweilt er einen Moment.

Hat er alle Zehen angeschaut, springt er zum rechten Bein herüber. Er schaut sich mein rechtes Bein genau an. Ist es lang und dünn? Oder kurz und kräftig? Er schaut sich wieder das Knie an. Dann geht er in den Fuß hinein und schaut sich die Zehen an. Zuerst den großen Zeh, dann die anderen Zehen. In jedem Zeh verweilt er einen Moment.

Jetzt hat sich der kleine Geist alles angeschaut. Er verabschiedet sich. Er verlässt meinen Körper und fliegt davon."

# Die Traumzeitwesen wandern übers Land

*Diese Übung soll auf der vorherigen aufbauen. Hatten die Kinder Spaß an der Reise durch den eigenen Körper, kann die Spielleitung die Reise der Traumzeitwesen erzählen. Die Kinder versuchen sich in entspannter Atmosphäre Bilder in ihrem Kopf zu schaffen von dem, was erzählt wird.*

**Material:** ruhige Musik, Decke und warme Socken für jedes Kind
**Alter:** ab 7 Jahren

Die Kinder begeben sich wieder in dieselbe Position wie in der vorherigen Übung beschrieben. Auch im Anschluss an diese Übung ist eine Erzählrunde empfehlenswert.

**Vorschlag für den Meditationstext:**

„Schließt die Augen und stellt euch vor, dass wir uns gemeinsam auf den Weg machen, die Traumpfade der Traumzeitwesen zu gehen.

Wir beginnen an einem kleinen Felsen. Wie sieht der Felsen aus? Ist er groß oder klein? Welche Farbe hat er? Wachsen hier ein paar Sträucher oder sogar Buschtomaten?

Der Sand ist trocken und rot. Ein kleiner Pfad führt durch den Sand. Die Yiperenye-Raupen und der Dingo kommen diesen Pfad entlang.

Wie sehen die Raupen aus? Dick und wulstig? Oder klein und dünn? Wie ist ihre Haut beschaffen?

Und der Dingo, wie sieht er aus?

In der Wüste trifft der Dingo die hübschen Teppischschlangen. Die Teppischschlangen sind nicht ganz so schlank und gelenkig wie die anderen Schlangen. Ihre Körper gleichen eher kleinen Knüppeln. Aber sie tragen ein hübsches Muster auf ihren Körpern. Stellt euch das Muster vor. Ist es ein kleines zartes Muster oder ein großes kräftiges? Welche Farbe hat das Muster? Die Teppischschlangen haben hier in der Wüste ihr Nachtlager aufgeschlagen, doch dann ziehen sie weiter in Richtung Süden. Einmal während ihrer Wanderung strecken sie ihre Köpfe hoch. An dieser Stelle sind jetzt zwei Hügel zu sehen, die wirklich so aussehen, als ob sie die Köpfe zweier Schlangen wären. Die Teppischschlangen verwandeln sich in giftige Liru-Schlangen. Wie stellt ihr euch ihre Verwandlung vor? Wie sehen sie jetzt aus?"

# Was ich letzte Nacht geträumt habe

**Material:** Papier und Bleistift
**Alter:** ab 6 Jahren (mit Variante)

Die Kinder berichten von ihren Träumen. Sie vereinbaren, dass sie sich am nächsten Morgen erzählen, was sie in der Nacht geträumt haben. Ein Blatt Papier und einen Stift legen sie sich neben das Bett und schreiben ihren Traum sofort nach dem Aufwachen auf oder malen ihn.
Am besten lassen sie sich zehn Minuten früher wecken als gewohnt, damit genügend Zeit bleibt!
Die Träume werden später gegenseitig vorgelesen oder erzählt.
Die Kinder reden darüber, ob es ein schöner Traum oder ein Alptraum war.
Sie sammeln Tipps, was ihnen gegen schlimme Träume hilft: z.B. ins Bett zu den Eltern kriechen, Licht anmachen, das Schmusetier fest an sich drücken.

**Variante:** Die Kinder malen ein Bild davon, was sie tagsüber mit wachen Augen träumen, wenn sie aus dem Fenster schauen oder wach auf dem Bett liegen.

# Die Verwandlung der Traumzeitwesen

*Nachdem die Traumzeitwesen die Erde in Ordnung gebracht hatten, zogen sie sich unter die Erde oder in die Felsen zurück. Manche verwandelten sich in Steine oder bildeten mit ihren Körpern einen Hügel oder die Ufer eines Sees.*

**Material:** Klanghölzer
**Alter:** ab 4 Jahren
**Anzahl:** 4 – 8 Kinder

Alle Kinder laufen als Traumzeitwesen durcheinander über die Wiese. Ein Kind schlägt dazu rhythmisch zwei Klanghölzer aufeinander. Hört es auf zu spielen, frieren die Traumzeitwesen ihre Bewegungen ein und erstarren. Sie verwandeln sich in Bäume, in Felsen oder werden zu Steinen. Das Kind fragt jedes Traumzeitwesen: „In was hast du dich verwandelt?" Bekommt es eine Antwort, darf das Traumzeitwesen sich wieder bewegen, und eine neue Runde beginnt.

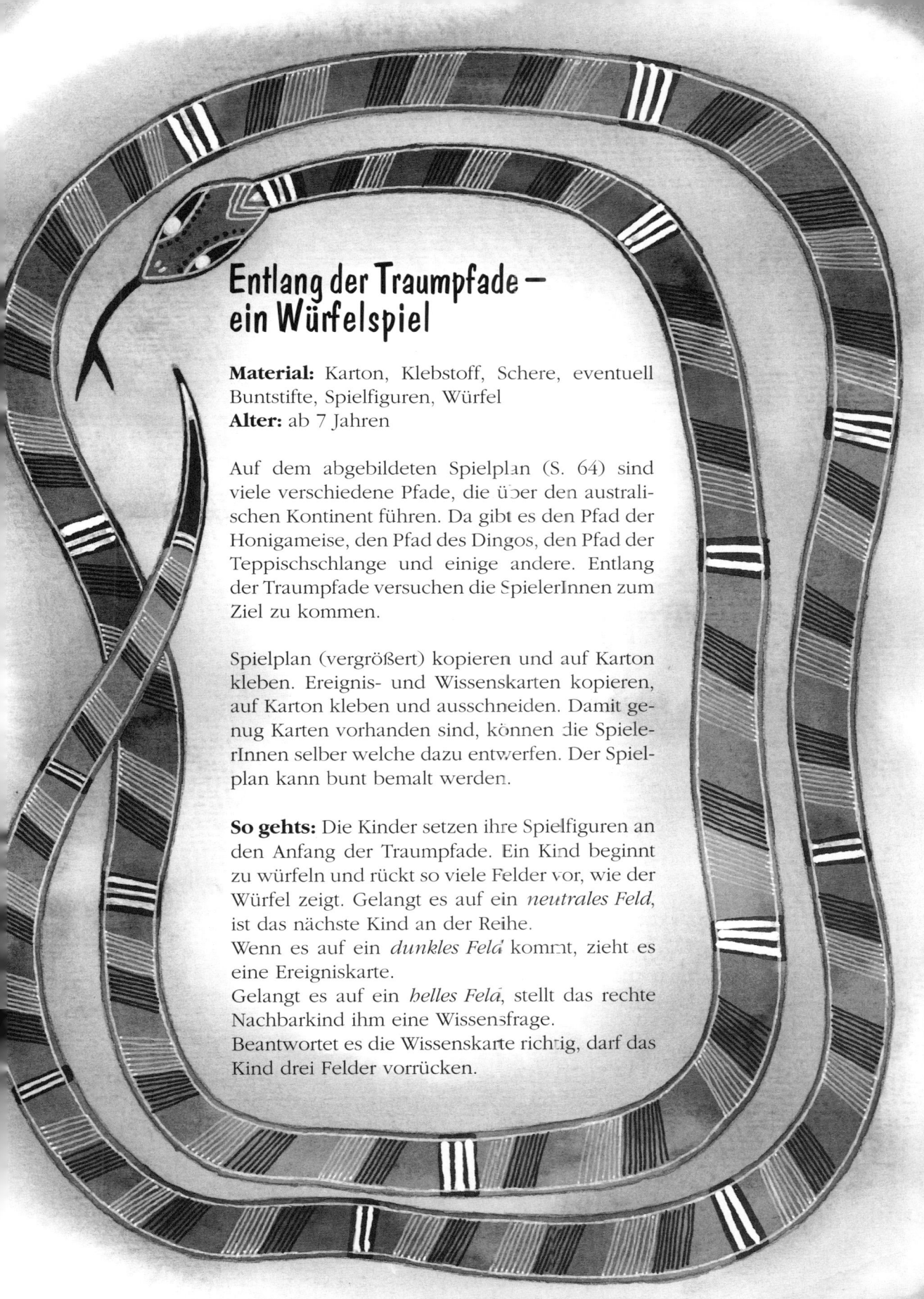

# Entlang der Traumpfade – ein Würfelspiel

**Material:** Karton, Klebstoff, Schere, eventuell Buntstifte, Spielfiguren, Würfel
**Alter:** ab 7 Jahren

Auf dem abgebildeten Spielplan (S. 64) sind viele verschiedene Pfade, die über den australischen Kontinent führen. Da gibt es den Pfad der Honigameise, den Pfad des Dingos, den Pfad der Teppischschlange und einige andere. Entlang der Traumpfade versuchen die SpielerInnen zum Ziel zu kommen.

Spielplan (vergrößert) kopieren und auf Karton kleben. Ereignis- und Wissenskarten kopieren, auf Karton kleben und ausschneiden. Damit genug Karten vorhanden sind, können die SpielerInnen selber welche dazu entwerfen. Der Spielplan kann bunt bemalt werden.

**So gehts:** Die Kinder setzen ihre Spielfiguren an den Anfang der Traumpfade. Ein Kind beginnt zu würfeln und rückt so viele Felder vor, wie der Würfel zeigt. Gelangt es auf ein *neutrales Feld*, ist das nächste Kind an der Reihe.
Wenn es auf ein *dunkles Feld* kommt, zieht es eine Ereigniskarte.
Gelangt es auf ein *helles Feld*, stellt das rechte Nachbarkind ihm eine Wissensfrage.
Beantwortet es die Wissenskarte richtig, darf das Kind drei Felder vorrücken.

# Ereigniskarten

| | | |
|---|---|---|
| Du bist am Uluru angekommen. Hier darfst du nicht mehr weitergehen, denn dieser heilige Ort ist nicht für Außenstehende gedacht.<br><br>*Kehre um und nimm einen anderen Weg.* | Du triffst die lauschende Wüstenerbse. Sie plappert alles weiter, was sie hört.<br><br>*Schweige für zwei Runden. Verständige dich mit Händen und Füßen. Falls du das nicht durchhältst, musst du zum Start zurückgehen.* | Du triffst Aborigines, die ein Corroboree feiern. Du machst mit.<br><br>*Setze drei Runden aus.* |
| Du bist hungrig und suchst nach Bush tucker.<br><br>*Setze eine Runde aus.* | Erzähle die Geschichte vom Anfang der Menschen. Du kannst sie so erzählen, wie du möchtest.<br><br>*Danach gehe drei Felder vor.* | Dein Weg führt am Iwila-Wasserloch vorbei. Hier verweilst du.<br><br>*Setze eine Runde aus.* |
| Du gehst den Pfad der Teppischschlangen. Die Teppischschlangen sind nicht so schnell.<br><br>*Setze eine Runde aus.* | Du gehst den Weg des Dingos.<br><br>*Rücke vier Felder vor.* | An dieser Stelle verwandeln sich die Teppischschlangen in giftige Liru-Schlangen.<br><br>*Rücke drei Felder vor.* |
| Du stehst auf dem Warunpi-Honigameisenhügel und siehst auf das Tal. Du entscheidest, dorthin zu gehen.<br><br>*Gehe sechs Felder zurück und nimm einen anderen Weg.* | | |

# Wissenskarten

| | | |
|---|---|---|
| Wie heißt die Urbevölke-rung Australiens?<br><br>*Aborigines* | Aus welchen Ländern kamen die Menschen, die nach Australien einge-wandert sind?<br><br>*Aus Großbritannien, Holland, Deutschland, Asien* | Warum ist der Koala kein Bär?<br><br>*Weil er ein Beuteltier ist.* |
| Wie weit kann ein Känguru springen?<br><br>*Manche springen 9 Meter weit.* | Warum werden die Australier Antipoden genannt?<br><br>*Weil sie auf der anderen Seite der Erde leben.* | Wie viel Kontinente gibt es?<br><br>*5: Antarktika, Australien, Afrika, Amerika, Eurasien* |
| Wie heißt der kleinste Kontinent?<br><br>*Australien* | Warum purzeln die Australier nicht von der Erde herunter?<br><br>*Wegen der Schwerkraft purzeln wir alle nicht von der Erde.* | Welche Tageszeit ist in Australien, wenn es bei uns Nacht ist?<br><br>*Da die Tageszeit genau andersherum ist, ist es dann Tag in Australien.* |
| In welchem Land leben die Schnabeltiere?<br><br>*Natürlich nur in Australien.* | Warum gibt es in Australien keine Oster-hasen mehr?<br><br>*Weil die Bilbys ab jetzt diesen Job übernehmen.* | |

# Farmer, Schafscherer und das große Heimweh – die weißen Australier

Die Menschen in Europa glaubten lange, dass auf der anderen Seite der Erde etwas sein muss, das die Erdkugel ausbalanciert. Schon der griechische Philosoph Ptolomäus vermutete im 2. Jahrhundert nach unserer Zeitrechnung einen Kontinent auf der anderen Seite der Erde, der dazu da ist, die gesamte Erde im Gleichgewicht zu halten. Im 16. und 17. Jahrhundert machten sich europäische Seefahrer auf den Weg, um endlich diesen geheimnisvollen Kontinent ausfindig zu machen, den sie *Terra australis incognita* nannten, was *das unbekannte Südland* bedeutet. Natürlich hatten die Seefahrer damals auch im Hinterkopf, Gold und andere Kostbarkeiten auf dem südlichen Kontinent zu finden. Der Holländer Willem Jansz war der erste Europäer, der im Jahre 1606 die Nordküste von Australien sichtete.

Einige Jahre später, im Jahre 1642, segelte ein weiterer Holländer mit dem Namen Abel Janszoon Tasman los und traf auf der Australien vorgelagerten Insel Tasmanien ein, die später nach ihm benannt wurde. Zwei weitere Jahre vergingen, dann entdeckte Abel Janszoon Tasman die Nordostküste Australiens. Tasman nannte den südlichen Kontinent Neu Holland. Erst 1845 entschieden sich die Europäer, Neu Holland in Australien umzubenennen, da sie den Kontinent doch ursprünglich *terra australis* genannt hatten und die Holländer plötzlich nicht mehr die einzigen Europäer dort waren.

Zwar hatten die Holländer die Nord- und die Westküste Australiens schon lange gesichtet, aber erst im Jahre 1770 erreichte der britische Kapitän James Cook die bis dahin den Europäern noch völlig unbekannte Ostküste. Bis zu diesem Zeitpunkt waren bis auf einige Holländer kaum Europäer nach Australien gekommen.

Die Reiseberichte und Aufzeichnungen über den australischen Kontinent, die Cook und seine Begleiter mit nach Hause brachten, führten dazu, dass die Briten sich von nun an für dieses riesige Land interessierten. Sie beschlossen Australien in ihren Besitz zu nehmen.

Die Briten sahen in dem Land einen geeigneten Ort, ihre Gefängnisinsassen unterzubringen, da ihnen der Platz in den britischen Gefängnissen nicht mehr ausreichend erschien. Zum damaligen Zeitpunkt war es für die Briten üblich, ihre Sträflinge in abgelegenere Orte zu schicken. Viele britische Sträflinge verbüßten ihre Strafe in Arbeitslagern in Nordamerika, Gibraltar oder auf den Bermudas. In den Jahren von 1788 bis 1868 wurden nahezu 160.000 Sträflinge aus Großbritannien nach Australien verschleppt. In Ketten gelegt und wie Sklaven gehalten, mussten sie beim Bau von Straßen und Gebäuden ihren Arbeitsdienst leisten. Wenige von ihnen waren wirkliche Schwerverbrecher. Die meisten von ihnen mussten dafür eine Strafe verbüßen, dass sie in ihrer Heimat etwas zu essen gestohlen oder sich gegen den englischen Staat aufgelehnt hatten. Wer die Flucht aus dem Arbeitslager wagte, musste mit dem sicheren Tod rechnen, denn auf ein Überleben in der Wüste Australiens waren die britischen Sträflinge nicht vorbereitet.

Australien war für die Briten noch aus einem anderen Grund von so großer Bedeutung. Die Franzosen begannen, sich im Pazifik auszubreiten. Beim Kampf um die Macht über die südliche Erdhalbkugel bedeutete die Inbesitznahme Australiens für die Briten, dass sie von nun an einen strategischen Vorteil gegenüber den Franzosen hatten.

Im Jahre 1788 reiste der britische Kapitän Arthur Philipp mit insgesamt elf britischen Schiffen an, in denen er und seine Begleiter das Nötigste dabei hatten, um Australien zu einer britischen Kolonie zu machen. Die Briten ließen sich an einer Bucht nieder, die von James Cook *Port Jackson* genannt worden war und später umbenannt wurde in *Sydney*, nach dem damaligen britischen Innenminister Lord Sydney. So begann die Besiedlung Australiens durch die Europäer. Das war am 26. Januar 1788.

Der 26. Januar ist für die weißen Australier der Beginn ihrer Geschichte und daher ein offizieller Feiertag in Australien. Für die Aborigines begann jedoch mit diesem Datum der Untergang ihrer Kultur. Das Jahr 1988, als die weißen Australier die Besiedlung Australiens durch die Europäer vor 200 Jahren feierten, erklärten die Aborigines daher zum Jahr der Trauer.

Mit der Kolonisierung Australiens durch die Briten machten diese die Aborigines zu *britischen Untertanen*. Die Traditionen und die Kultur der Aborigines waren für die Briten fremd und unverständlich. Das Leben der Aborigines und ihre Wertvorstellungen wichen nämlich völlig von ihrer eigenen Kultur ab, kannten doch die Aborigines keine Begriffe wie Eigentum und Besitz. Stattdessen hatten sie eine besonders enge religiöse Beziehung zu ihrem Land und zur Natur.

In den Augen der Briten nutzten die Aborigines das kostbare Land nicht. Sie züchteten kein Vieh, kümmerten sich nicht um die Bodenschätze und betrieben keinen Ackerbau. Hinzu kam, dass die Kultur der Aborigines keine Schriftstücke besaß, mit denen sich die Aborigines ausweisen konnten und die belegten, dass ihnen das Land gehörte.

Die Briten wollten in den ländlichen Gebieten der Aborigines Rinder und Schafe züchten, die sie mit nach Australien gebracht hatten. Keinesfalls waren die Briten in ihrer Heimat alle Bauern gewesen. Die meisten kamen aus der Stadt und wurden erst in Australien zu Farmern. Die riesigen Schafherden der Europäer zertrampelten das Grasland und verjagten das Wild. Millionen Rinder zerstörten die Wasserquellen und vernichteten die heiligen Orte der Aborigines. In der südöstlichen Gegend von Australien wurden vor 150 Jahren fast 20 Millionen Schafe von den Europäern gehalten.

Die weiße australische Gesellschaft bestand zu Beginn des 19. Jahrhunderts zunächst aus Sträflingen und ihren Aufsehern sowie aus Grundbesitzern. Die britische Regierung bemühte sich darum, dass nicht nur Sträflinge nach Australien übersiedelten, und versuchte britische Bürger nach Australien zu locken, indem sie ihnen großzügige Schenkungen von australischem Land versprach. Trotzdem wanderten damals wenige Briten freiwillig nach Australien aus, denn Amerika schien für auswanderungswillige Europäer zu dieser Zeit verlockender zu sein.

Dann wurde im Jahre 1851 in der Nähe des Ortes Bathurst, der im australischen Neusüdwales liegt, Gold entdeckt. Dass auch in anderen Gebieten Australiens Gold zu finden war, sprach sich schnell auf der Welt herum. Nun zog es immer mehr Menschen nach Australien. Innerhalb von zehn Jahren verdoppelte sich die weiße Bevölkerung auf dem Kontinent. Auch aus anderen Teilen der Welt verschlug es vom Goldfieber gepackte Menschen nach Australien. Viele Chinesen kamen zu dieser Zeit herüber.

Die Briten waren dennoch diejenigen, die Australien am stärksten besiedelten. Lange Zeit war daher die Kultur der weißen Australier von der britischen Kultur geprägt. Die Immigranten waren vor allem Briten und keine Australier. Erst die Kinder und Enkelkinder der ersten Siedler begannen nach und nach, sich als Australier zu fühlen. Mit der Einwanderung von Menschen auch aus anderen Ländern entwickelte sich die Kultur Australiens zunehmend zu einer multikulturellen Gesellschaft. Heute leben Menschen aus allen Teilen der Welt in Australien.

Die Aborigines versuchten immer wieder mit vielen Aktionen die weißen Australier zu überzeugen, dass sich im Zusammenleben zwischen den Weißen und der Urbevölkerung etwas ändern muss. Die Aborigines wurden als billige Arbeitskräfte auf den Farmen der weißen Australier eingesetzt. Oftmals erhielten sie für ihre Arbeit statt Lohn nur Kost und Unterkunft.

Teilweise ist das heute auch noch so. Zunächst forderten die Aborigines bessere Arbeitsbedingungen und höhere Löhne. Inzwischen fordern die Aborigines auch ihr Land zurück.

Vor nicht allzu langer Zeit, nämlich im Jahre 1992 nach unserer Zeitrechnung, entschloss sich der Aboriginal Koiki Mabo eine Klage beim Obersten Gerichtshof einzureichen, um Besitzansprüche auf das Gebiet geltend zu machen, in dem er und andere Aborigines lebten. Koiki Mabo und die Aborigines bekamen Recht. Allerdings mussten die Aborigines nun nachweisen, dass sie eine enge mythische Beziehung zu dem Gebiet hatten, das sie zurückforderten. Mit diesem Urteil gaben die weißen Australier zu, dass die Aborigines die ursprünglichen Bewohner Australiens sind und Australien beim Eintreffen der Europäer kein unbewohntes Land gewesen war. Dieses Urteil sollte Konsequenzen haben.

Das *Mabo-Urteil* ist in Australien ein bekannter Begriff und steht für die Rückgabe der Aboriginesgebiete an ihre ursprünglichen Besitzer. Das Mabo-Urteil zog aber auch Probleme mit sich. Wenn die Aborigines ihr Land zurückbekommen, was soll dann mit den weißen Siedlern geschehen, die nun seit Generationen im Gebiet der Aborigines leben? Einige Aborigines erhielten Entschädigungszahlungen. Einige Gebiete wurden den Aborigines zugesprochen. Die Frage nach den Besitzansprüchen ist in Australien jedoch bis heute oftmals nicht geklärt.

# Jim und Mary leben auf einer kleinen Farm

Jim ist sieben Jahre alt und lebt zusammen mit seinen Eltern, seinen Großeltern und seiner Schwester Mary auf einer kleiner *Station*. So nennen die Australier eine Farm. Jim und Mary sind in Australien geboren, aber ihre Großeltern stammen eigentlich aus Irland. Vor langer Zeit, als Jims Großvater noch jung war, beschloss er zusammen mit der Großmutter sein Glück in Australien zu versuchen. Von seinem ersparten Geld kaufte er Rinder und ein Stück Land und baute sich eine kleine Rinderfarm inmitten von Australien. Zwar leben bei uns auf dem Land auch nicht viele Menschen auf einem Fleck zusammen, aber wie einsam das Leben der Farmer in Australien ist, das können wir uns gar nicht vorstellen. Die kleine Farm ist in dieser Gegend das einzige Gebäude und Jims und Marys Familie sind die einzigen Menschen, die hier leben. Es gibt noch nicht einmal ein Dorf in der Nähe und die Nachbarn wohnen viele Hundert Kilometer weit entfernt. Das ist etwa so, als ob ihr in Hamburg wohnt und eure nächsten Nachbarn wohnen in Berlin. Da kann man sich leider nicht jeden Tag sehen.

Jim und Mary können auch nicht jeden Tag bis zur nächsten Stadt fahren, um in die Schule zu gehen. Das ist nämlich viel zu weit und außerdem fährt ja auch gar kein Bus dorthin. Toll, denkt ihr! Keine Schule! Aber Jim und Mary lernen trotzdem jeden Tag Lesen, Rechnen und Schreiben und bekommen Hausaufgaben auf, wie all die anderen Kinder, die wie sie im Outback von Australien wohnen. Und dafür setzen sich Jim und Mary einfach an den Küchentisch in der Küche. Wie soll denn das gehen, denkt ihr jetzt. Ganz einfach, Jim und Mary werden mit einem Funkgerät unterrichtet. Sie gehen in die *School of the Air*, die Schule der Luft. Die Schule wird deshalb so genannt, weil die Hausaufgaben mit dem Flugzeug durch die Luft herbeigeflogen werden. Alle zwei Wochen kommt das Postflugzeug und bringt Jim und Mary neue Bücher und Aufgabenhefte. Das ist jedes Mal ein aufregender Tag.

Jeden Morgen zur selben Zeit schalten Jim und Mary das Funkgerät ein und begrüßen ihren Lehrer, der in der nächsten Stadt wohnt. Und dann beginnt der Unterricht. Für Jim und Mary ist das etwas ganz Besonderes. So können sie einmal am Tag mit den anderen Kindern aus ihrer Klasse reden. Natürlich auch nur über das Funkgerät. Die Schule der Luft ist eigentlich genauso eine Schule wie andere Schulen, nur ein paar Dinge sind ein bisschen anders. So kann man von den anderen nie die Hausaufgaben abschreiben oder jemandem im Unterricht etwas zuflüstern oder gar Zettelchen zustecken.

Andererseits sieht der Lehrer auch nicht, ob ein Kind gerade aus dem Fenster schaut oder Kaugummi kaut. Einige von ihren Mitschülern haben Jim und Mary noch nie gesehen. Aber wenn sie die Stimmen der anderen Kinder durch das Funkgerät hören, können sie sie sofort erkennen.

Wer im Outback wohnt, der kann auch nicht einfach mal schnell zum Arzt gehen, wenn er krank wird. Für den Notfall gibt es auf jeder Farm einen großen schwarzen Koffer mit unterschiedlicher Medizin gegen alle möglichen Krankheiten. Jim erinnert sich noch, wie er einmal krank wurde und ganz hohes Fieber bekam. Sein Vater rief mit dem Funkgerät einen der fliegenden Ärzte an. Das sind die Ärzte, die die Menschen im Outback versorgen, wenn sie krank werden. Die Australier nennen sie deshalb die fliegenden Ärzte, weil sie die vielen Kilometer von einem Patienten zum nächsten mit einem kleinen Flugzeug fliegen. Der fliegende Arzt hat Jims Vater nach Jim ausgefragt und dann hat er ihm gesagt, welche Medizin er aus dem Koffer nehmen soll. Über das Funkgerät hat der Arzt ein paar Mal am Tag nachgefragt, wie es Jim geht, bis er wieder ganz gesund war. Aber vorbeigekommen ist der Arzt nicht. So schlimm krank war Jim dann doch nicht. Das überlegt man sich bei den Entfernungen nämlich immer, ob es sich lohnt, diesen weiten Weg auf sich zu nehmen.

Manchmal finden Jim und Mary das Leben hier draußen ganz schön öde. Marys größter Wunsch ist es, einmal in einen Spielzeugladen in der Stadt zu gehen oder ins Kino. Und Jim träumt davon eine richtige Schule zu besuchen. Er wäre gerne in der Pause mit den anderen Kindern auf dem Schulhof. Außerdem hätte Jim gerne mal ein paar Freunde zum Kricket spielen. Kricket ist nämlich das Lieblingsspiel der Australier und Jim schaut sich mit seinem Vater jedes Spiel im Fernsehen an.

Doch das Leben im Outback hat auch Vorteile gegenüber einem Leben in der Stadt. Jim und Mary müssen nicht auf Autos achten, wenn sie draußen spielen wollen. Und die beiden sehen ihre Eltern den ganzen Tag und können sie auf die Arbeit begleiten.

Wenn der Vater und der Großvater die Rinder auf dem riesigen Gelände zusammentreiben, dann sind Jim und Mary gerne dabei. Der Großvater ist früher mit dem Pferd losgeritten, heute nimmt die Familie dafür den Geländewagen. Manchmal kommen auch Wanderarbeiter von weit her, um auf der Farm zu helfen. Diese Männer kommen, um die Schafe zu scheren, das Vieh auf den Weiden zusammenzutreiben oder Zuckerrohr zu schneiden. Wenn sie ihre Arbeit erledigt haben, ziehen sie weiter zur nächsten Farm. In der Sprache der weißen Australier heißt so ein Wanderarbeiter *swagman* oder *swaggy*. Sein Hab und Gut trägt der swagman in einem Beutel bei sich, dem *swag*.

Wenn Jim und Mary groß sind, wollen sie auch Wanderarbeiter werden. „Da kommt man viel rum!", haben ihnen nämlich die Arbeiter erzählt.

# Was hilft gegen Heimweh?

*Es ist nicht zu unterschätzen, dass auch die Immigranten in Australien mit vielen Problemen zu kämpfen hatten. Das lateinische Wort Immigrant heißt übersetzt Einwanderer. Eines der Probleme der Immigranten war die ständige Frage nach der eigenen Identität. Wo gehörten sie hin? Die eigene Kultur war weit weg und in der neuen Umgebung fühlten sie sich nicht zu Hause. Sie hatten mit Heimweh zu kämpfen und mit dem Gefühl, am Rande der Welt zu leben. Viele Gebäude in den australischen Städten wurden nach britischen Vorbildern gebaut, um ein Stück Heimat nach Australien zu holen. Die Einwanderer sangen Lieder aus ihrer Heimat und ließen sich neue Texte dazu einfallen, in denen sie ihre Probleme in der Fremde ausdrückten. Viele Balladen sind in dieser Zeit entstanden, die noch heute in Australien gesungen werden. Die Kinder erinnern sich sicher an eine Situation, in der sie auch großes Heimweh hatten.*

**Material:** Papier, Bleistift
**Alter:** ab 6 Jahren

Die Kinder malen eine Bildergeschichte. Zunächst malt jedes Kind auf einem Blatt Papier eine Situation, in der es das Gefühl Heimweh verspürt hat. Das kann eine Situation sein, wo das Kind in den Kindergarten gekommen ist oder zum ersten Mal bei den Großeltern übernachtet hat. Auf dem nächsten Blatt Papier malt jedes Kind, was anschließend passiert ist. Wurde das Kind das Gefühl von Heimweh los? Was hat das Kind gegen das Gefühl von Heimweh unternommen? Was hat gegen das Heimweh geholfen? Ist das Heimweh irgendwann einmal verschwunden?
An einem vereinbarten Tag bringt jedes Kind einen Gegenstand mit, der ihm bei Heimweh in einer fremden Situation hilft. Das kann zum Beispiel ein Schmusetier sein, ein Foto von der Familie oder ein Halstuch von der Mutter.

## Schafe treiben

*In Australien gibt es mehr Schafe als Menschen. Weltweit kommt die meiste Wolle aus Australien. Übrigens ist Schafe scheren in Australien mittlerweile zu einem Sport geworden. Es gibt sogar Wettbewerbe, bei denen es darauf ankommt, wer die meis-*

ten Schafe mit einer Handschere scheren kann. Der Weltrekord liegt bei 321 Schafen an einem einzigen Tag.

Besonders beliebt ist die Merinowolle der Merinoschafe. Das ist eine ganz besonders weiche Wolle. Die Merinoschafe kommen ursprünglich aus Südafrika. Sie sind von Spaniern aus Südafrika nach Australien gebracht worden.

Die geschorene Wolle ist nicht sofort verwendbar. Meistens ist sie ein bisschen dreckig und riecht ziemlich stark nach Schaf. Wolle ist übrigens aus dem selben Material wie unsere Haare oder Fingernägel oder die Stacheln von einem Igel und die Hörner einer Kuh, nämlich aus Keratin, einem Eiweiß.

**Material:** freie Fläche, Steine oder Stoff als Markierung
**Anzahl:** für maximal 15 – 20 Kinder
**Alter:** ab 6 Jahren

Eine große quadratische Spielfläche mit Steinen oder Stoff markieren.

Bei diesem Spiel gibt es zwei Gruppen: die Hunde und die Schafe. Zwei der Kinder sind die Hunde, die die Schafe zusammentreiben. Alle anderen Kinder sind Schafe.

Die Schafe stellen sich in der Mitte der Spielfläche in zwei Reihen Rücken an Rücken auf. Die beiden Hunde stellen sich an jeweils ein Ende jeder Reihe. Wenn die Spielleitung ein Signal gibt, versuchen die Schafe in alle Richtungen zu rennen. Die Hunde müssen versuchen die Schafe zu fangen. Dabei dürfen die Hunde jedoch nur geradeaus laufen. Sie dürfen sich weder umdrehen, rückwärts laufen, noch in einem Kreis bewegen. Die Schafe jedoch dürfen herumrennen, wie sie wollen. Wird ein Schaf von einem Hund gefangen, dann wechseln die Rollen. Der Hund ist ab jetzt ein Schaf und umgekehrt.

# Schafscherereintopf

*Nach dem Schafescheren essen die australischen Schafscherer gerne diesen Eintopf, der inzwischen zu einem australischen Nationalgericht geworden ist.*

**Zutaten für den Eintopf:**
500 g Hackfleisch, 1 Esslöffel Öl, 30 g Butter, 3 Möhren, 3 Zwiebeln, 3 Pastinaken, 2 Stangen Sellerie, Gemüsebrühe, Wasser, 1 Esslöffel Worchestersauce, Zucker, Pfeffer, 1 Bund Petersilie

**Zutaten für die Mehlklöße:**
2 Tassen Mehl, 1 Tasse Milch, gehackte Petersilie, Pfeffer, 1 1/2 Teelöffel Backpulver

Aus dem Hackfleisch kleine Bällchen formen und in heißem Öl und Butter in einer Pfanne bräunen.

Währenddessen das Gemüse klein schneiden.

Die Zwiebeln zum Fleisch geben und dünsten.

Fleisch und Zwiebeln in einen großen Kochtopf umfüllen, das Gemüse und so viel Gemüsebrühe und Wasser dazugeben, dass das Gemüse mit Wasser bedeckt ist.

Eine Prise Zucker, Worchestersauce, Pfeffer und die gehackte Petersilie hinzufügen. Bei niedriger Hitze 20 Minuten schmoren lassen.

**Mehlklöße:** Mehl, Backpulver, gehackte Petersilie, Milch und Pfeffer in eine Schüssel geben und zu einem Teig verrühren.

Daraus kleine Klöße formen und zehn Minuten bevor die Suppe fertig ist, dazugeben.

Die Klöße sind gar, wenn sie an der Oberfläche schwimmen.

# Pawlowa

*Als Nachtisch gibt es Pawlowa, das süße Nationalgericht der Australier. Es handelt sich dabei um einen mit Früchten und Sahne belegten Baiser. Den Namen hat diese Torte von der russischen Tänzerin Anna Pawlowa erhalten, die einmal in Australien getanzt hat. Die Australier waren so begeistert von Anna Pawlowa, dass sie gleich ihre Lieblingstorte nach ihr benannt haben.*

### Zutaten:

4 Eiweiß, 1 1/2 Tassen weißer Zucker, 1 Päckchen Vanillezucker, 1 Teelöffel Speisestärke, 1 Teelöffel Essig, Erdbeeren, Kiwi- und Bananenscheiben zum Dekorieren, geschlagene Sahne

Das Eiweiß in einem sauberen Gefäß mit dem Mixer steif schlagen. Vorsichtig den Zucker unterheben. Speisestärke, Vanillezucker und Essig hinzufügen. Die steife Masse in Form einer Torte auf ein mit Backpapier ausgelegtes Backblech geben. In der Mitte eine Delle lassen. Bei 150 Grad ca. 45 Minuten backen, ohne den Backofen zu öffnen. Den Baiser abkühlen lassen. Erst kurz vor dem Verzehren Torte mit Früchten belegen und in die Mitte Sahne füllen.

# Funkgerät

*85 Prozent aller weißen Australier leben in den Städten. Wer auf dem Land lebt, lebt in großer Abgeschiedenheit als Farmer oder Schafscherer. Funkgeräte sind für die Menschen im australischen Outback besonders wichtig, denn damit lässt sich in einem Notfall schnell Kontakt zu anderen Menschen herstellen. Um Töne über so weite Entfernungen zu übertragen, werden Funkwellen unserer Stimme übertragen. Wie das funktioniert, können die Kinder mit diesem Funkgerät aus zwei Jogurtbechern ausprobieren. Ähnlich wie bei einem richtigen Funkgerät werden die Töne als Wellen übertragen. Die Wellen laufen dabei über die Schnur. Allerdings ist es dafür wichtig, dass die Schnur ganz straff gespannt ist.*

**Material:** zwei Jogurtbecher, spitze Schere, 1,5 Meter lange feste Schnur, Papier zum Bekleben, Klebestift
**Alter:** ab 4 Jahren

In die Böden der Jogurtbecher mit einer spitzen Schere jeweils ein Loch bohren und die Schnur durchziehen. Von innen die Schnur verknoten. Nach Belieben die Jogurtbecher bunt bekleben. Ein Kind hält einen der Jogurtbecher dicht an sein Ohr, während ein zweites Kind in den anderen Jogurtbecher spricht. Darauf achten, dass die Schnur dabei gut gespannt bleibt.

# Kricket

*Kricket ist das beliebteste Spiel der weißen Australier. Die ersten Einwanderer haben dieses Spiel aus England mitgebracht.*

**Material:** zehn biegsame Zweige für die Tore, einen Schläger für jedes Kind (ein durchgesägter Holzbesenstil ergibt zwei Schläger), bunte Holzkugeln
**Anzahl:** 2 – 6 Kinder
**Alter:** ab 6 Jahren

Auf einer freien Fläche (am besten auf einem Rasen oder im Sand) die Tore verteilen. Die Tore sollten so angeordnet sein, dass ein Rundweg entsteht.

Die SpielerInnen machen ein Tor aus einem gebogenen Zweig, indem sie beide Enden des Zweiges in den Boden stecken. Darauf achten, dass die Zweige groß genug sind und die Holzkugeln noch durch die Tore passen.
Jedes Kind versucht nun seine Holzkugel mit dem Schläger durch möglichst alle Tore zu schießen. Rollt die Kugel nach einem Schlag nicht wie gewünscht durch das Tor, ist das nächste Kind dran. Manchmal kommt es vor, dass eine Kugel eine andere Kugel wegschiebt. Dann darf das Kind, dem die berührte Holzkugel gehört, die gegnerische Holzkugel mit dem Schläger wegschlagen.

# Lach, Kookaburra

Musik: trad.  ● 13
dt. Text: Pit Budde

*Der Kookaburra gilt als der australische Nationalvogel. Die Laute des Kookaburra klingen wie das Lachen eines Menschen. Die Aborigines nennen den Kookaburra Morgenwächter. Er soll die Menschen am Morgen wecken, damit sie sich den Sonnenaufgang anschauen.*

Koo-ka-bur-ra sitzt im Gum-mi-baum. Fröh-li-cher Vo-gel im Gum-mi-baum.
Lach, Koo-ka-bur-ra, lach, Koo-ka-bur-ra. Lass uns fröh-lich sein.

Kookaburra sitzt im Gummibaum
Fröhlicher Vogel im Gummibaum
Lach, Kookaburra
Lach, Kookaburra
Lass uns fröhlich sein

Kookaburra sits on the old gum tree
Merry merry king of the bush is he
Laugh Kookaburra
Laugh Kookaburra
Gay your life must be

Kookaburra sitzt im Gummibaum
Isst Gummibärchen im Gummibaum
Lach, Kookaburra
Lach, Kookaburra
Lass uns fröhlich sein

Kookaburra sitzt im Gummibaum
Zählt die Affen unterm Gummibaum
Lass das Kookaburra
Lass das Kookaburra
Will kein Affe sein

Kookaburra sits on the old gum tree
Eating all the gumdrops he can see
Stop Kookaburra
Stop Kookaburra
Leave some gums for me

Kookaburra sitzt im Gummibaum
Singt mit uns im Gummibaum
Lach Kookaburra
Lach Kookaburra
Lass uns fröhlich sein

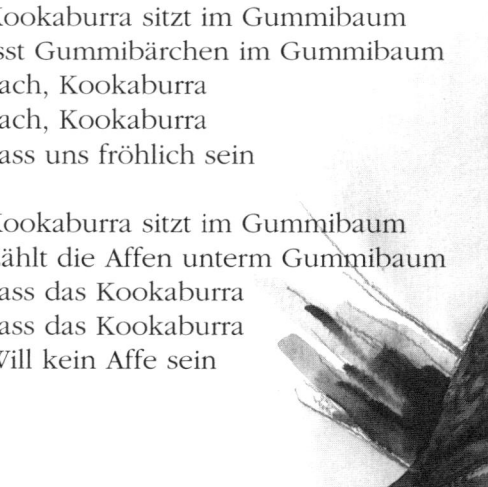

74

# Die Religion der Aborigines

Für uns alle gibt es auf dieser Welt viele Rätsel und Geheimnisse. Solche Rätsel sind beispielsweise der Beginn des Lebens und der Tod. Wer waren die ersten Menschen und was wird wohl mit uns geschehen, wenn wir nicht mehr leben? Und wie ist es den Toten, die wir gekannt haben, ergangen? Viele dieser Gedanken können uns Angst machen, denn sie erinnern uns daran, dass wir Menschen sterblich sind. Tröstlich ist zumindest die Gewissheit, dass sich überall auf der Welt die Menschen Gedanken darüber machen, wo sie herkommen und was nach dem Tod sein wird. In fast allen Kulturen glauben die Menschen an eine übernatürliche Kraft, der sie ihr Leben verdanken. Das nennen wir Religion.

Die Religion der Aborigines ist gebunden an die Natur und an die Landschaft Australiens. Für sie ist die gesamte Umwelt abhängig von höheren Wesen, den Traumzeitwesen. Die Traumzeitwesen sind bestimmte Wege gegangen und ruhen an bestimmten Orten. Diese Pfade und Orte sind für die Aborigines von höchster religiöser Bedeutung. Die Traumzeitwesen können ihre Gestalt verändern; mal erscheinen sie in menschlicher Form, ein anderes Mal eher in Gestalt eines Tieres, beispielsweise als Vogel oder als Känguru. Diese Wesen kommen aus der Vergangenheit, der Traumzeit, und leben in der Gegenwart weiter.

Die Aborigines sagen, dass die Menschenkinder von den mythischen Wesen gemacht werden. Ein Mensch geht ins Land, sagen die Aborigines, wenn jemand stirbt.

# Entlang der Traumpfade

Das ganze Leben eines Aboriginal orientiert sich an den Traumzeitwesen und an den Wegen, die diese gegangen sind. Die Aborigines betrachten sich als die direkten Nachkommen der Traumzeitwesen und sehen ihre Aufgabe darin, sich durch Zeremonien und immer wiederkehrende Rituale um die heiligen Orte zu kümmern. Nur wenn die heiligen Orte auf diese Weise gepflegt werden und in der Erinnerung der Menschen bleiben, dann bleibt auch die Ordnung in der Welt erhalten. Rituale sind für alle Menschen deshalb so wichtig, weil sie dazu dienen, durch bestimmte Handlungen in Kontakt mit den übernatürlichen Kräften zu kommen. Außerdem ermöglichen uns Rituale, den Alltag für eine gewisse Zeit zu unterbrechen und dem Leben Ordnung zu geben. Rituale und Feste helfen uns, uns in der Welt zu orientieren. Für die Aborigines ist die Ausübung ihrer Rituale und Feste deshalb so wichtig, weil sie auf diese Weise ihr gesamtes Wissen über die Traumzeit, über die heiligen Orte und über die Umgebung, in der sie leben, aufbewahren.

Einer der bedeutendsten Orte mit der Kraft der Traumzeitwesen ist für die Aborigines der Uluru. Der Uluru ist der größte Monolithfelsen der Welt. Er liegt genau in der Mitte von Australien, südwestlich der Stadt Alice Springs. Das griechische Wort *mono* heißt *einzig* und das Wort *lith* bedeutet Stein; ein Monolith ist also ein Felsen, der aus einem einzigen Stück besteht.

Die Aborigines nennen diesen Ort *Uluru*, was soviel wie *Schattenplatz* bedeutet. Fürdie weißen Australier ist es der *Ayers Rock*.

Der Uluru ist aus Sandstein und sieht aus wie ein großer roter Berg. Besonders beeindruckend ist der Uluru auch deshalb, weil der Felsen mitten aus der Wüste herausragt. Will man einmal um den Felsen herumlaufen, läuft man eine Strecke von 9 Kilometern. Zudem ist der Uluru sehr alt. Wissenschaftler schätzen das Alter des Felsens auf ungefähr 70 Millionen Jahre. Wenn die Sonne untergeht, leuchtet der Felsen feuerrot. In dem Gebiet von Uluru leben Aborigines, die sich Pitjantjatjara nennen.

Die Aborigines erzählen folgende Geschichte über die Entstehung des Uluru: Zur Zeit der Traumzeit schlenderte der Echsenmann Kandju übers Land. Kandju warf seinen Bumerang in die Luft. Der Bumerang flog und fiel in den weichen Sand, dort wo heute der Uluru ist. Der Echsenmann suchte seinen Bumerang, aber er konnte ihn nicht finden. Er grub mit den Händen nach dem Bumerang im Sand und schaufelte den Sand auf einen Hügel, bis er seine Jagdwaffe endlich fand. So schuf der Echsenmann Kandju zufällig den Uluru.

Der Uluru birgt für die Aborigines viele totemistische Plätze. Am Ende der Traumzeit verwandelten sich die Traumzeitwesen von Uluru in Bäume, Felsen oder in Sträucher. Diese Stellen des Felsens sind daher für die Aborigines von größter religiöser Bedeutung, denn hier ruhen ihre Vorfahren. Alle diese Stellen am Felsen, dort wo die Bäume und Sträucher entlang wachsen oder der Stein besonders geformt ist, sind für die Aborigines wie ein lesbares Buch, ein Buch über die Traumzeit. An manchen Stellen von Uluru gibt es Felsmalereien oder Höhlen und Wasserlöcher, die den Aborigines etwas über ihre Vorfahren berichten. Einige Stellen des Felsens dürfen die Aborigines nicht sehen. Einige sind auch nur für die Frauen unter ihnen bestimmt, andere nur für die Männer.

Übrigens beherbergt der Uluru eine launische Bewohnerin. Seit der Traumzeit lebt die große, mächtige Regenbogenschlange in den Höhlen des Felsens. Sie ist viele Hundert Meter lang. Man sollte die Regenbogenschlange niemals ärgern, denn dann holt sie aus allen Wasserstellen in der Umgebung das Wasser und lässt die Wasserstellen vertrocknen. Wenn die Regenbogenschlange etwas überhaupt nicht ausstehen kann, dann ist das Feuer. Wenn also jemand ein Feuer in ihrer Nähe anzündet, wird sie mächtig sauer.

Heute ist die Gegend von Uluru ein Nationalpark, der viele Touristen anzieht. Uluru ist für die Touristen zur Hauptattraktion der australischen Wüste geworden. Aber die traditionellen Eigentümer sind die Aborigines. Die Aborigines begannen in den 70er Jahren für den Eigentumstitel vor Gericht zu ziehen. Im Zusammenhang mit den Untersuchungen über die Landrechte der Aborigines wurden zunächst die wichtigsten religiösen Plätze von Uluru für die Touristen gesperrt und Angehörige der Aboriginekultur in die Arbeit des Nationalparks einbezogen. Doch die Aborigines gaben sich mit dieser Kompromisslösung nicht zufrieden.

Viele Male wurden die Klagen der Aborigines vor Gericht jedoch zurückgewiesen. Die Gerichte verlangten, die Aborigines sollten ihre mythischen Beziehungen zum Uluru beweisen. Das warf eine Reihe von Problemen auf. In der Aboriginekultur dürfen nämlich nur einige der älteren Männer die Bedeutung und die Hintergründe bestimmter mythischer Orte kennen. Und dieses Wissen dürfen sie auf gar keinen Fall preisgeben. In den Verhandlungen um ihre Landesrechte sollten sie aber nun alles über ihre Beziehung zum Felsen berichten.

Am 11.11.1983 schließlich wurden die Aborigines als die rechtmäßigen Eigentümer von Uluru anerkannt. Zwei Jahre später erhielten die Pitjantjatjara die Rechtsurkunden durch den Generalgouverneur. Die Regierung pachtete den Nationalpark für den Tourismus, doch konnten die Aborigines mit der australischen Regierung vereinbaren, dass die bedeutendsten Stellen am Uluru für Touristen nicht zugänglich sind und dass sie auch nicht fotografiert werden dürfen.

In der Nähe von Uluru gibt es noch viele weitere mythische Plätze der Aborigines. Nicht weit entfernt befindet sich ein Ort mit einer Ansammlung von dreißig kugelförmigen Monolithfelsen, die aus der Entfernung ein wenig wie riesige Steinmurmeln aussehen. Diesen Ort nennen die Aborigines Katatjuta. *Katatjuta* bedeutet *viele Köpfe*, da die Aborigines der Meinung sind, dass die Felsen wie Köpfe aussehen, die aus der Erde herausschauen. Sie sagen, es seien die Köpfe von versteinerten Riesen aus der Traumzeit, die sich damals von Menschen ernährt haben. Die Riesen jagten die Menschen und rösteten sie über dem Feuer, bevor sie sie verspeisten. Die weißen Australier nennen diesen Ort *Mount Olga*, was übersetzt Berg Olga bedeutet, oder sie nennen die Felsen einfach *die Olgas*.

# Das rote Herz

T. & M.: Klaus Jochmann

*Das rote Herz der australischen Wüste ist der bei Sonnenuntergang feuerrot leuchtende
Berg Uluru. Die weißen Australier nennen diesen Berg Ayers Rock. Für die Aborigines ist
der Uluru ein sakraler Ort.*

Su- che nach dem ro- ten Herz, je- de Nacht in dei- nen Träu- men.

We- ge dei- ner El- tern. Spu- ren dei- ner Freun- de.

mit flin- ken Fü- ßen durch den Sand.

Lauf, lauf, Wai- pin- ga. Lauf, be- vor die Son- ne ver- sinkt.

Suche nach dem roten Herz
Jede Nacht in deinen Träumen
Wege deiner Eltern
Spuren deiner Freunde
Mit flinken Füßen durch den Sand

    Lauf, lauf Waipinga
    Lauf, bevor die Sonne versinkt
    Lauf, lauf Waipinga
    Lauf, bevor die Sonne versinkt

Raste an dem Wasserloch
So wie deine Brüder
Früchte und Beeren
Löschen deinen Durst
Mach dich wieder auf den Weg

    Lauf, lauf Waipinga...

Känguru und Kakadu
Sie sind deine Freunde
Zeigen dir den Weg
Begleiten dich ein Stück
Mit flinken Füßen durch den Busch

    Lauf, lauf Waipinga...

Feuer machst du mit dem Stock
Ja, es wird dich wärmen
Der Himmel ist dein Zelt
Denn du bist jetzt müde
Die Sterne zeigen dir dein Ziel

    Träum, träum Waipinga
    Träume bis die Sonne dich weckt
    Schlaf, schlaf Waipinga
    Schlafe bis die Sonne dich weckt

# Geheimes Wissen

Nicht alle religiösen Rituale der Aborigines sind auch für alle Angehörigen der Gemeinschaft bestimmt. Es gibt viele geheime Zeremonien, an denen nur bestimmte Leute teilnehmen dürfen. So genannte offene Gesänge sind für alle Ohren der Gemeinschaft. Die geschlossenen Gesänge sind nur für eine bestimmte Gruppe gedacht, eine geschlossene Gesellschaft. Meistens sind das Männer, die schon durch die Initiation gegangen sind.

Das lateinische Wort *Initiation* bedeutet sowohl *Anfang* als auch *Eintritt*. Mit der Initiation verlässt man seine alte soziale Rolle und tritt in eine neue. Pubertät, Heirat, Schwangerschaft und Geburt sind zum Beispiel solche Wendepunkte im Leben, die den Übergang in eine neue Rolle beinhalten. Initiationsriten, die den Übergang von der Kindheit ins Erwachsenenalter markieren, sind wohl die bedeutungsvollsten Initiationen der Menschen. Auch für die Aborigines ist der Eintritt ins Erwachsenenalter ein besonders wichtiges Ereignis.

Vor der Pubertät leben Aborigineskinder in großer Freiheit. Sie können den ganzen Tag draußen spielen und herumtollen. Dass Kinder von den Erwachsenen ausgeschimpft oder gemaßregelt werden, ist bei den Aborigines eigentlich nicht üblich. Aborigineskinder brauchen sich auch nicht an besondere Regeln zu halten. Aber mit der Initiation ändert sich das Leben schlagartig. Jetzt sind sie keine kleinen Mädchen und Jungen mehr, sondern erwachsene Frauen und Männer, die eine Menge Verhaltensregeln und Tabus beachten müssen. Die Jungen der Aborigines werden manchmal am Penis beschnitten, um den Übergang ins Erwachsenenalter zu markieren, für die Mädchen der Aborigi-

nes ist die erste Monatsblutung der Übergang in die Welt der Erwachsenen.

Die Inititation ist natürlich Anlass für ein großes Fest. Die Mädchen werden nach ihrer ersten Monatsblutung rituell mit den Zeichen ihres Klans bemalt. Bei ihrem Fest dürfen nur Frauen anwesend sein, denn ab jetzt teilt sich ihre Welt in Frauenbereiche und Männerbereiche. Die Jungen der Aborigines müssen vor ihrer Initiation oftmals eine ganze Zeit lang in Abgeschiedenheit von der Gemeinschaft leben. Nur eine auserwählte Person darf ihnen Essen bringen und sie mit den neuen Aufgaben und Regeln ihrer neuen Rolle vertraut machen. Und die Jungen haben wirklich viel zu lernen. Ab jetzt dürfen sie beispielsweise nicht mehr direkt mit ihren Schwestern sprechen, wenn diese schon in der Pubertät sind. Später, wenn sie verheiratet sind, werden sie lernen, dass sie auch nicht ihre Schwiegermütter ansprechen dürfen. Sie lernen, dass ein Aboriginal immer seinem Schwiegervater helfen muss, egal was passiert, und dass Schwäger immer einander helfen müssen.

Initiationen gibt es auch bei uns und sie werden auch entsprechend gefeiert. Kommunion, Konfirmation, Abitur und Führerscheinprüfungen gehören zu den modernen Initiationsriten unserer westlichen Kultur. Aber auch der Eintritt in einen Verein oder in einen Beruf ist eine Initiation. Kunst, Musik und Tanz berichten den Aborigines über die Ereignisse der Traumzeit und über die mythischen Wesen. Durch die Malerei, die Tänze und die Lieder bewahren die Aborigines Informationen. Geheime Gesänge, die nur für die Ohren von initiierten Männern bestimmt sind, werden niemals in Gegenwart von Frauen und Kindern gesungen. Meistens enthalten diese Gesänge bestimmtes Wissen über Geister, Sexualität und heilige Orte. Das klingt für uns vielleicht etwas sonderbar.

Wenn wir aber einmal überlegen, wie das bei uns ist, dann können wir feststellen, dass es auch in unserer Kultur geheimes Wissen gibt, das nicht für alle Menschen bestimmt ist. Zum Beispiel dürfen Kinder nicht alle Kinofilme sehen und auch nicht alle Bücher lesen. Auch bei uns gibt es Verbote für nicht initiierte Kinder. Sie dürfen nicht in Kneipen gehen, keine Verträge abschließen und wer noch keine 16 Jahre alt ist, muss vor 22 Uhr Zuhause sein.

# Die guten Geister

⊙ 27
T. & M.: Pit Budde

Die guten Geister segnen das neu-ge-bor-ne Kind.
Die gu-ten Geister seg-nen das neu-ge-bor-ne Kind.
Schlaf ein, schlaf ein,
schlaf ein, schlaf ein.

Die guten Geister schützen das neugeborene Kind
Schlaf ein, Schlaf ein

Die guten Geister helfen dem neugeborenen Kind
Schlaf ein, Schlaf ein

Die guten Geister führen das neugeborene Kind
Schlaf ein, Schlaf ein

# Ein Schwirrholz bauen

Die Aborigines benutzen in ihren Zeremonien Hölzer und Steine, die von besonderer religiöser Bedeutung sind. Diese Kultobjekte werden Tjurungas oder Tschuringas genannt. Ein Tjurunga hat große Ähnlichkeit mit einem Schwirrholz, das von den Aborigines ebenfalls bei Zeremonien benutzt wird. Der Unterschied ist, dass ein Tjurunga, im Gegensatz zu einem Schwirrholz, ein geheimer Gegenstand ist, der von Außenstehenden nicht gesehen werden darf.

In der Sprache der Aranda, eines der Aboriginesvölker, steht das Wort tju für geheim, und demnach übersetzen wir das Wort Tjurunga als mein geheimer Name.

Ein Tjurunga ist flach und hat eine ovale Form. Die Steine und Hölzer können zwischen 20 und 150 cm groß sein. Auf der Oberfläche ist ein Muster eingeritzt oder gemalt, welches das Totem einer Gruppe oder einer einzelnen Person symbolisieren soll. In vielen europäischen Museen findet man Tjurungas in den Vitrinen der Australienabteilungen. Das ist ein großes Problem. Wir müssen uns bewusst machen, wie sehr die Religion der Aborigines dadurch missachtet wird, dass ein in einem Museum ausgestelltes Tjurunga für viele Augen zugänglich gemacht wird.

Ein Schwirrholz ist ein Holzstück, das einen schwirrenden Ton von sich gibt. Um einen Ton zu erzeugen, versetzen die Aborigines das Schwirrholz, das sie an einer Schnur befestigt haben, in schnelle kreisförmige Bewegungen. Das Schwirrholz gibt auf diese Weise ein starkes Brummen von sich. Die Aborigines sagen, dass das die Stimmen der Ahnen sind.

**Material:** Holzbrett (ungefähr 10 cm lang, 3 cm breit und 2-3 mm dick), Bleistift, Säge, Schmirgelpapier, 150 cm lange Schnur, Holzbohrer, Lackfarben zum Verzieren

**Alter:** ab 6 Jahren

Ein Holzbrett in den oben genannten Maßen aussägen. An dem einen Ende eine Rundung sägen und abschmirgeln. Am anderen Ende ein Loch durch das Holz bohren, die Schnur durchziehen und fest verknoten. Das Schwirrholz bunt bemalen. Damit das Schwirrholz brummt, müssen es die Kinder mit der Schnur über dem Kopf um die eigene Achse durch die Luft wirbeln.

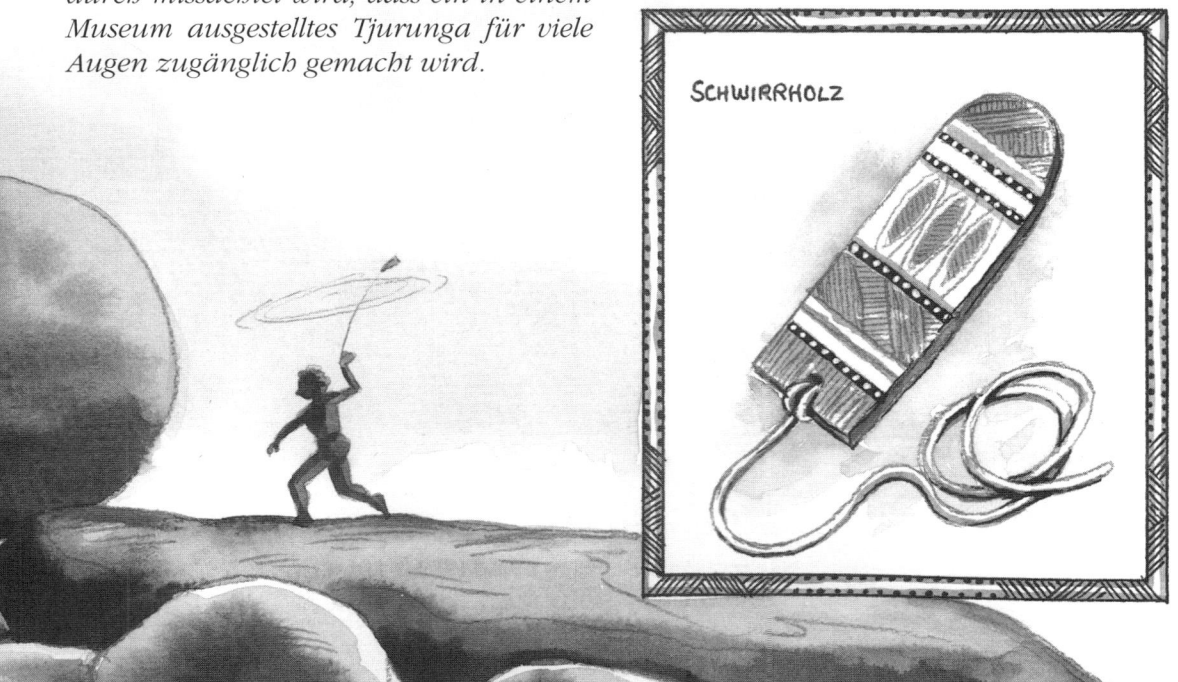

SCHWIRRHOLZ

# Kleiner Geist

*Dieses Spiel ist eine australische Variante von Basketball. Es wird nicht mit einem Ball und einem Netz gespielt, sondern mit einem imaginären kleinen Geist, der bei Berührung von einem Menschen auf einen anderen übergehen kann. Ziel dieses Spiels ist es, den kleinen Geist zum Baum der gegnerischen Gruppe zu bringen. Der Baum ist bei dem Spiel das, was beim Basketball der Korb oder beim Fußball das Tor ist.*

**Material:** zwei Bäume
**Anzahl:** 16–20 Kinder
**Alter:** ab 6 Jahren

Die Kinder bilden zwei Gruppen. In jeder Gruppe sind etwa acht bis zehn Kinder. Ein Kind jeder Gruppe bewacht einen Baum. Der kleine Geist wohnt in einem der Kinder, das nun versuchen muss den kleinen Geist zum Baum der gegnerischen Gruppe zu bringen. Das Kind muss durch Wegrennen versuchen, sich nicht von der gegnerischen Gruppe berühren zu lassen. Berührt einer der SpielerInnen der gegnerischen Gruppe das Kind, geht der kleine Geist auf den Fänger über. Punkte bekommt eine Gruppe dann, wenn der kleine Geist zum Baum der anderen Gruppe gebracht wurde.

# Sprich nicht mit mir!

**Material:** keins
**Alter:** ab 5 Jahren

Ein Kind sucht sich ein Partnerkind, das es nicht direkt ansprechen darf. Um ihm etwas mitzuteilen, benötigt es die Hilfe der anderen Kinder. Die anderen flüstern dem ersten Kind kleine Aufgaben zu: Tausche dein T-Shirt mit ihm; frage ihn nach seiner Lieblingsspeise; fordere ihn auf Limonade zu holen usw. Das Kind muss nun ein anderes Kind beauftragen, diese Dinge dem Partner mitzuteilen: Sag ihm, er soll mir sein T-Shirt geben; frage ihn, welches seine Lieblingsspeise ist; sag ihm, er soll mir Limonade holen... Wenn es sich verspricht und sich versehentlich direkt an seinen Partner wendet, ist ein anderes Kind dran.

**Anregung:** Es gibt viele Möglichkeiten, sich anderen mitzuteilen, auch wenn man nicht mit Worten sprechen darf oder kann. Die Kinder können Zeichen in Sand oder auf Papier malen oder sich mit Händen und Füßen verständlich machen. Aborigines benutzen wie viele andere Kulturen hin und wieder Gebärdensprache, wenn sie bestimmte Wörter nicht aussprechen dürfen oder bestimmte Personen nicht ansprechen dürfen. In unserer Kultur benutzen Gehörlose eine Gebärdensprache. In einer Bibliothek können sich die Kinder kundig machen, welche Gebärden was bedeuten.

# Heilige Orte

*Einige Plätze sind für die Aborigines heilig, wie das Gebiet des Uluru. In manchen Gegenden werden heilige Plätze von den Aborigines Bora oder Buna genannt.*

**Material:** alte Zeitschriften, Schere, Klebstoff, Karton und Bleistift
**Alter:** ab 6 Jahren (mit Variante)

Die Kinder machen eine Collage aus Zeitschriftenbildern. Sie schneiden Bilder von Plätzen oder Orten aus, die für manche Menschen heilig sind, zum Beispiel von Friedhöfen, Kirchen und Hügelgräbern.

Auf die Erkennungsmerkmale und Symbole von heiligen Plätzen achten. Überlegen, ob es Geschichten gibt über die Entstehung heiliger Plätze, die die Kinder kennen.

**Variante:** Eine Collage machen mit Zeremonien, die Menschen an heiligen Plätzen ausüben, zum Beispiel eine Hochzeit oder eine Taufe in der Kirche.

# Alle Dinge haben einen Klang - die Musik der Aborigines

Für die Aborigines haben alle Dinge einen Klang und einen Rhythmus. Jede Pflanze, jeder Stein und jedes Wesen wird mit der Vorstellung eines bestimmten Klanges in Verbindung gebracht. Auch der Mensch besteht in den Vorstellungen der Aborigines aus Klang und Rhythmus. Der Klang des eigenen Namen, der Klang der Stimme und die Art und Weise wie ein Mensch seinen Körper bewegt, machen das Wesen dieses einen Menschen aus. Ein Name ist daher für die Aborigines etwas ganz Wichtiges. Die Aborigines sagen, dass sie jemanden durch bloßes Rufen oder durch das Besingen seines Namens herbeiholen können. Auf diese Art und Weise können die Traumzeitwesen und die Verstorbenen jederzeit hergerufen werden, auch wenn sie für die menschlichen Augen dabei unsichtbar bleiben. Es ist nicht ihr Körper, sondern der Klang, der da ist.

Die Traumzeitwesen haben den Menschen beigebracht, durch Gesänge, Riten und Tänze die Traumzeit herbeizurufen und damit die Ordnung der Welt zu erhalten. Das ist die Aufgabe der Menschen. Aber die Traumzeitwesen und die Verstorbenen möchten natürlich auch mal ihre Ruhe haben und nicht durch ständiges Herbeirufen in der Gegend herumgewirbelt werden. Aus diesem Grund dürfen eine Menge Namen bei den Aborigines gar nicht erst ausgesprochen werden, wie beispielsweise die Namen von Verstorbenen. Wie auch in den anderen Bereichen ihres Lebens benötigen die Aborigines für ihre Musik äußerst wenig materielle Mittel. Das Wichtigste in der Musik der Aborigines ist der Gesang. Zwar werden die Gesänge meistens von Musikinstrumenten beglei-

tet, aber sie stehen niemals an erster Stelle. Die Musik der Aborigines kennt keine festgeschriebenen Noten. Jeder Gesang und jedes Musikstück ist einmalig, da sie immer wieder neu von den Sängern und Musikern interpretiert werden.

Für die vielen verschiedenen Anlässe haben die Aborigines ganz unterschiedliche Arten von Gesängen. Es gibt Gesänge für offizielle Anlässe, Gesänge um die Tanzfeste zu begleiten, Gesänge für das Geschenkeaustauschen und Gesänge, die bei speziellen Zeremonien gesungen werden, wie beispielsweise bei Hochzeiten, Fruchtbarkeitsriten oder Regenzeremonien. Bei einer Beschneidung oder einem ähnlichen offiziellen Anlass wird beispielsweise in sehr hoher Tonlage gesungen. Der Sänger singt keine Wörter, sondern die Silben *aaa, laaa* und *naaa*. Er singt erst ganz hoch, dann wird seine Stimme tiefer und dann hört er kurz auf zu singen und beginnt erneut. Dieser Gesang, der *Wongga* genannt wird, wird von einem Didgeridoo und von Schlagstöcken begleitet.

Dann gibt es geheime Gesänge, die in hoher Tonlage mit den Silben *aaa, ga* und *la* beginnen und denen eine lange Geschichte folgt, die mit gleich bleibend tiefer Stimme gesungen wird. Diese Art von Gesang wird *Ubar* und *Ngurlmak* genannt und wird oft bei Fruchtbarkeitsriten gesungen.

Es gibt auch geheime Gesänge, bei denen nur vier oder fünf Wörter gesungen werden. Die tiefere Bedeutung dieser Wörter ist dann nur ganz wenigen Angehörigen der Gemeinschaft bekannt.

Die meisten Lieder der Aborigines haben oft viele Strophen über den Anfang der

Welt und den Anfang des Volkes und erinnern somit die Angehörigen an ihre Pflichten und teilen bestimmtes Wissen mit. Die Gesänge beschreiben die Landschaft und die wichtigsten heiligen Orte. Die Lieder sind so etwas wie mündliche Landkarten, weil sie haargenau das Gebiet der jeweiligen Aboriginesgemeinschaft beschreiben. Dabei wird jede Markierung, jeder Fluss, jeder Felsen und jedes Wasserloch erwähnt. Die Gesänge berichten auch davon, wo die anderen Aboriginesgemeinschaften leben und wo das Gebiet der anderen beginnt.

Die Musik ist nicht in allen Teilen Australiens einheitlich. Es gibt abhängig von der Region unterschiedliche Gesangsstile, andere Musikinstrumente werden benutzt und unterschiedliche Regeln gelten beim Musizieren.

In Nordaustralien begleiten ein Didgeridoo und Schlagstöcke die Gesänge und in Zentralaustralien schlagen die Musiker zum Gesang zwei Bumerangs oder Klanghölzer aufeinander. Über die Musik in Südaustralien ist wenig bekannt, weil es hier nur noch wenige Menschen gibt, die sich an die traditionellen Gesänge erinnern können. Das liegt daran, dass besonders in Südaustralien viele Aboriginesgemeinschaften von den Weißen ausgerottet wurden oder an eingeschleppten Krankheiten starben.

Auf der Insel Tasmanien hat sich die Musik mit Ankunft der Weißen und dem Aussterben der Urbevölkerung völlig verändert. Die Schlaginstrumente, die für die Aboriginesmusik so typisch sind, werden hier so gut wie gar nicht benutzt. Stattdessen dominieren in der Musik Tasmaniens inzwischen europäische Rhythmen und Gitarrenmusik.

# Wie klingt mein Name?

*Für die Aborigines hat jeder Name einen eigenen Klang. Auch für uns gehört der Klang des eigenen Namens zu unserer Persönlichkeit. Wer kennt nicht das unangenehme Gefühl, wenn jemand unseren Namen anders betont oder gar anders ausspricht, als wir es möchten? Bei diesem Spiel entdecken die Kinder, wie der eigene Name unterschiedlich betont und ausgesprochen werden kann und wie sich dabei der Klang und der Rhythmus des Namens verändert. Dieses Spiel eignet sich auch gut für eine Gruppe von Kindern, die sich noch nicht kennen und gegenseitig ihre Namen lernen wollen.*

**Material:** keins
**Alter:** ab 6 Jahren

Die Kinder sitzen im Kreis. Ein Kind sagt seinen Namen und betont den Namen so, wie es ihn gerne hört. Alle Kinder wiederholen diesen Namen und klatschen dazu im selben Rhythmus mit den Händen. Das nächste Kind sagt seinen Namen. Dann wiederholen alle Kinder beide Namen und das nächste Kind sagt seinen Namen. Jetzt werden drei Namen von allen Kindern wiederholt. Die Namenskette wird immer länger. Hat jedes Kind seinen Namen gesagt, kann der Sprechrhythmus verändert werden. Die Kinder klatschen mal schneller, mal langsamer und sprechen mal schneller und mal langsamer, mal lauter, mal leiser. Nun können die Kinder die Namen mit anderer Betonung sprechen.

# Mein Körper macht Musik

*Die Aborigines benutzen vor allem ihren eigenen Körper als Musikinstrument, um ihre Gesänge rhythmisch zu begleiten. Das Klatschen der Hände kennen wir auch. Zum Klatschen halten die Aborigines eine Hand leicht gewölbt und schlagen die andere Hand darauf. Die untere Hand wird dabei nicht bewegt. Aber die Aborigines benutzen auch noch andere Körperteile zum Musik machen.*

**Material:** keins
**Alter:** ab 6 Jahren

Die Kinder stellen sich im Kreis auf. Die Arme hängen dabei locker nach unten und die Füße stehen etwas auseinander fest auf dem Boden. Die Spielleitung beginnt, sich rhythmisch im 4/4 Takt mit einer gewölbten Hand auf den eigenen Oberschenkel zu schlagen. Die Kinder ahmen die Bewegung nach und versuchen sich in den Rhythmus einzufinden.
Die Spielleitung schlägt sich im Rhythmus mit beiden Händen auf den Brustkorb. Klingt der Schlag auf den Schenkel anders als ein Schlag auf den Brustkorb?
Gemeinsam den Körper mit den Händen nach weiteren Tönen absuchen. Gibt es noch andere Möglichkeiten mit dem Körper Musik zu machen, als darauf zu schlagen?

# Töne tanzen

*Die Musik der Aborigines lebt von ihrem Rhythmus. Und Rhythmus bedeutet Bewegung. Das folgende Spiel ermuntert die Kinder, sich einfühlsam der für unsere Ohren fremd klingenden Musik der Aborigines zu nähern, indem sie Klang in eigene Bewegung umsetzen und lernen, feine Unterschiede wahrzunehmen. Die Kinder sollen in dieser Übung hohe und tiefe Töne unterscheiden und mit ihrem Körper ausdrücken.*

**Material:** Kassettenrekorder, Musik mit sehr hohen und mit sehr tiefen Tönen
**Alter:** ab 5 Jahren (mit Varianten)

Die Kinder gehen im Kreis und lauschen der Musik. Sie versuchen zunächst nur mit den Händen die Melodie nachzuziehen. Dann nehmen sie auch die Füße hinzu. Als nächsten Schritt setzen die Kinder den ganzen Körper ein. Vielleicht gehen einige Kinder bei den tiefen Tönen in die Hocke und strecken sich bei den hohen Tönen.

**Varianten:**

◆ Die Kinder bewegen sich zur Musik mit ihrem Körper, aber die Arme und Hände setzen sie dabei nicht ein. Hierbei werden die Kinder angeregt, sich neue Bewegungsmuster auszudenken.
◆ Die Kinder liegen auf dem Boden und zeichnen liegend mit Armen und Beinen die Töne der Melodie nach.
◆ Je ein Kind gibt hohe oder tiefe Töne von sich. Die übrigen Kinder entscheiden sich, sich der Gruppe der hohen Töne oder der tiefen Töne anzuschließen. Sie können jedoch die Töne nur durch Bewegung ausdrücken.

# Klanghölzer

*Für unsere Ohren klingt die Musik der Aborigines zunächst sehr fremd. Wir finden sie vielleicht monoton und vermissen eine Melodie. Das liegt daran, dass die Musikinstrumente der Aborigines nicht dazu benutzt werden eine Melodie zu spielen, sondern den Rhythmus vorzugeben. Schlagstöcke und Klanghölzer sind daher die gebräuchlichsten Musikinstrumente der Aborigines. Auch werden häufig zwei Bumerangs rhythmisch aufeinandergeschlagen. Flöten, Pfeifen oder Trommeln kennen die Aborigines nicht. Nur die Bewohner der Torresstrasse, deren Kultur von Einflüssen Melanesiens geprägt ist, benutzen auch Trommeln aus hohlen Baumstämmen, die die Form einer Sanduhr haben und über die eine Tierhaut gespannt ist.*
*Klanghölzer sind hölzerne Stäbe, die rhythmisch aufeinandergeschlagen werden. Je nachdem, auf welcher Stelle das eine Holz auf das zweite aufschlägt, erklingt ein anderer Ton. Aus einem hölzernen Besenstiel lassen sich einfache Klangholzpaare herstellen. Ein Besenstiel ergibt drei Klangholzpaare.*

**Material:** ein Besenstiel aus Holz, kleine Säge, Schmirgelpapier
**Alter:** ab 4 Jahren (mit Hilfe eines Erwachsenen)

Den Besenstiel in 15 – 20 cm lange Stücke zersägen. Die Enden mit dem Schmirgelpapier abschmirgeln, damit das Holz nicht splittert.

# Schlagstöcke

*Die Aborigines schlagen oftmals ein langes Holz rhythmisch auf den Boden, um damit die Gesänge zu begleiten. Die Musiker sitzen im Kreis auf dem Boden und jeder schlägt den Schlagstock vor sich auf die Erde. Der Boden im Outback ist oftmals so trocken, dass die Musiker durch das Schlagen der Stöcke auf den Boden eine solche Staubwolke aufwirbeln, dass sie sich gegenseitig nicht mehr sehen können. Ihre Körper sind mit einer dicken Schicht von Sand und Staub überzogen und sie müssen während des Musizierens eine Menge Wasser trinken, um nicht ständig husten zu müssen. So ein Schlagstock ist üblicherweise 30 – 50 cm lang.*

**Material:** Besenstiel aus Holz, Säge, Schmirgelpapier
**Alter:** ab 4 Jahren (mit Hilfe eines Erwachsenen)

Besenstiel in 30 – 50 cm lange Stücke zersägen und die Enden abschmirgeln.

# Ein Schuh, ein Stein oder eine Dose?

*Wenn die Aborigines kein Schlagholz zur Verfügung haben, benutzen sie entweder einen Schuh, einen einzelnen Bumerang, eine Tabakdose, einen Stein oder ein Feuerzeug als Schlaginstrument. Bei diesem Spiel sollen die Kinder herausfinden und ausprobieren, wie unterschiedlich Gegenstände klingen können.*

**Material:** ca. zehn verschiedene Gegenstände aus unterschiedlichen Materialien, harter Boden
**Alter:** ab 4 Jahren (mit Variante)

Die SpielerInnen sitzen mit dem Rücken nach innen im Kreis. Ein Kind sitzt mit den Gegenständen innerhalb des Kreises. Das Kind nimmt einen der Gegenstände und schlägt ihn auf den Boden. Wer als erster den Gegenstand am Klang erkannt hat, darf mit dem Kind in der Mitte die Rollen tauschen.

**Variante:** Verschiedene Böden ausprobieren. Eine Konservendose klingt beispielsweise auf einem Holzfußboden anders, als auf einem Rasen.

# Das Didgeridoo

*Das berühmteste australische Musikinstrument ist das Didgeridoo, das von einem einzigen Mann gespielt wird. Ein Didgeridoo ist ein langes Blasinstrument, ähnlich wie ein Alphorn. Bläst man in die lange Holzröhre, aus der das Didgeridoo gemacht ist, ertönt ein tiefes sonores Brummen. Didgeridoo ist kein Wort aus einer der Aboriginessprachen. Den Namen Didgeridoo haben die Europäer geprägt, die damit den tiefen Klang dieses Instruments beschreiben wollten. Meistens wird das Didgeridoo aus einem Baumstamm hergestellt, der zuvor von Termiten ausgehöhlt wurde. Ursprünglich benutzten nur die Aborigines aus Arnhemland im Norden Australiens ein Didgeridoo. Inzwischen ist es aber unter allen australischen Aborigines verbreitet. Der Ton, der beim Blasen des Didgeridoos herauskommt, hängt vor allem von der Stimme des Bläsers ab. Der Bläser hält den schwingenden Ton des Didgeridoos durch so genannte Zirkularatmung aufrecht. Er kann beim Hineinblasen seine Zunge benutzen und damit Trillergeräusche herstellen oder weitere Geräusche erzeugen, indem er durch die Nase summt oder beim Hineinblasen Tier-*

*laute nachahmt. Daher wird das Didgeridoo auch sprechendes Musikinstrument genannt. Ein Didgeridoo wird nie alleine für sich gespielt. Immer wird damit der Gesang begleitet. Die Aborigines nennen das Didgeridoo auch Yiraga, Magu oder Kanbi, abhängig von dem jeweiligen Dialekt.*

**Material:** Bambusrohr (Länge ca. 1 Meter, Durchmesser ca. 4 cm), eine Eisenstange von kleinerem Durchmesser, grobes Schleifpapier, Besenstiel, Klebstoff, Kordel, warmer Naturknetwachs
**Alter:** ab 6 Jahren

Die Bambusrohre gibt es in jedem Gartencenter zu kaufen. Das dünnere Ende kann als Mundstück benutzt werden.

Mit der Eisenstange die Innenhäute des Bambus herausstoßen. Das Schleifpapier um das Ende des Besenstiels binden und solange damit im Bambusrohr herumschrubben, bis alles glatt ist.

Bambusrohr kann beim Spielen mit viel Spucke reißen; deshalb das Rohr mit Kordel umwickeln. Es reicht aus, wenn nur an den Enden und in der Mitte jeweils 5 cm breit gewickelt wird. Die Kordelenden mit Klebstoff festkleben.

Für das Mundstück eine mandarinengroße Menge warmes Wachs in den Händen weich kneten und als Wurst auf den Rand des Bambusrohrs legen. Das Wachs nach unten hin dünn ausstreichen, so dass es fest mit dem Rohr verbunden ist. Mit den Fingern den Wachskranz wulstig kneten und gleichzeitig etwas nach oben ziehen. Das Loch zu einer groschengroßen Öffnung zusammendrücken und anschließend glätten.

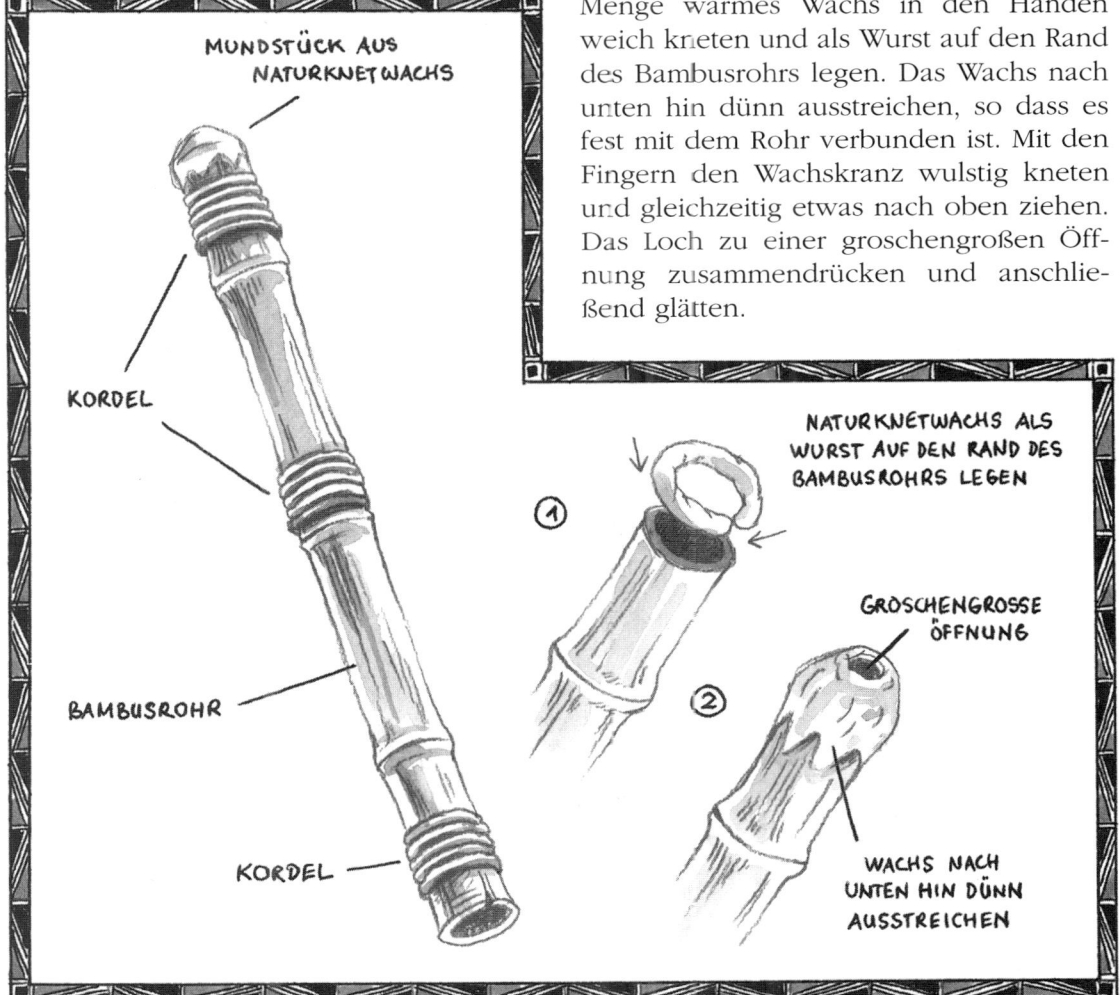

MUNDSTÜCK AUS NATURKNETWACHS

KORDEL

BAMBUSROHR

KORDEL

① NATURKNETWACHS ALS WURST AUF DEN RAND DES BAMBUSROHRS LEGEN

② GROSCHENGROSSE ÖFFNUNG

WACHS NACH UNTEN HIN DÜNN AUSSTREICHEN

# Didgeridoo aus Kunststoff

*Ein Didgeridoo aus Plastik ist einfacher zu bauen als eines aus Bambusrohr und klingt trotzdem gut.*

**Material:** Rohrstück einer Wasserleitung von einem Meter Länge (aus dem Baumarkt), Feile, Schleifpapier, Knetwachs, Papier in verschiedenen Farben, Klebstoff, Muscheln, Perlen
**Alter:** ab 6 Jahren

Die Enden des Rohrstücks mit der Feile abrunden und mit feinem Schleifpapier glätten. Das Mundstück wie beim Bambusrohr (S. 89) aus Knetwachs ziehen.
Das Plastikdidgeridoo bunt bekleben und mit Muscheln und Perlen verzieren.

# Didgeridoo aus Papprollen

*Diese Variante ist für ganz kleine Kinder gedacht, die handwerklich noch nicht so geschickt sind. Ein Didgeridoo aus Pappe ist zudem schnell hergestellt und erläutert auch kleinen Kindern das Prinzip dieses Blasinstruments. Es lässt sich damit besonders schön veranschaulichen, dass die Töne, die beim Blasen herauskommen, abhängig von der Stimme des Bläsers sind. Das Spielen eines „richtigen" Didgeridoos bedarf zudem enormer Übung und einer Menge Geduld. Es dauert kleinen Kindern oft viel zu lange, bis mal ein richtiger Ton herauskommt. Mit diesem Didgeridoo aus Pappe können auch ganz kleine Kinder eine Menge Spaß haben.*

**Material:** bis zu sechs Klopapierrollen, Klebeband, Buntstifte oder buntes Krepppapier und Klebstoff
**Alter:** ab 3 Jahren

Die Klopapierrollen mit Klebeband aneinander kleben. Mehr als sechs Rollen sollten es jedoch nicht sein, da sich sonst das Didgeridoo biegt. Das Papp-Didgeridoo bemalen oder mit buntem Krepppapier umwickeln.

# Kleiner Didgeridookurs

*Ein Didgeridoo zu spielen ist eine ungemeine Kraftanstrengung und es bedarf einer Menge Übung, bis mal ein vernüftiger Ton herauskommt. Anfangs wird es oft nicht anders klingen als ein lauter Pups.*

**Material:** ein Didgeridoo
**Alter:** ab 5 Jahren

Um den Grundton zu erzeugen, das Didgeridoo locker und mit schnatternden Lippen anblasen. Dabei müssen die Lippen vibrieren. Es ist sinnvoll, dies vorher eine Weile ohne Didgeridoo zu üben. Die Kinder stellen sich dabei am besten ein schnaufendes Pferd vor. Die Wangen bleiben locker, während die Luft mit der Zunge auf die Lippen gestoßen wird. Die Lippen vibrieren nur, wenn die eigene Stimme beim Ausblasen der Luft tönt. Nach diesem Prinzip wird auch das Didgeridoo gespielt. Die Lippen auf das Mundstück des Blasrohrs pressen und die Luft mit vibrierenden Lippen herausströmen lassen. Das kann ganz schön an den Lippen kitzeln und das Mundstück ist sicher voll mit Spucke. Wer den Grundton beherrscht, der kann versuchen durch Bewegen der Zunge die Töne zu variieren.

# Nussrassel

*Rasseln aus allen möglichen Materialien gehören zu jedem Aboriginesorchester.*

**Material:** ca. zehn Haselnüsse, eine kleine Säge, Handbohrer, Wollfäden oder dünne Bänder, Schere, Nadel, ein 20 – 30 cm langer Stock, Klebeband, bunte Wolle, eventuell Schraubstock
**Alter:** ab 6 Jahren

Die Nüsse mit der Säge in der Mitte quer halbieren.

In die obere Mitte der Nusshälften ein kleines Loch mit dem Handbohrer bohren. (Hält man die Nüsse mit den Fingern fest, ist beim Sägen und Bohren große Vorsicht geboten, da die Nüsse sehr klein sind und man sich schnell verletzen kann. Am besten die Nüsse in einen Schraubstock spannen, damit sie nicht wegkullern können.) Wollfäden oder entsprechendes Band in zehn gleichlange Fäden schneiden. Jeder Faden sollte ungefähr 10 cm lang sein.

Die Fäden mit einer Nadel durch die Löcher der Nusshälften ziehen und in der Innenseite der Nüsse verknoten. Die Nüsse baumeln nun an den Wollfäden.

Die anderen Enden der Wollfäden werden nun einzeln einmal um den Stock herum, am besten am oberen Ende des Stockes, mit dem Klebeband festgeklebt.

Hängen alle Nüsse am Stock, das obere Stockende mit bunter Wolle umwickeln, damit das Klebeband nicht mehr zu sehen ist.

# Rassel im Marmeladenglas

*Gefäßrasseln sind besonders auf der Cape York-Halbinsel gebräuchlich. Die Kinder können schnell aus einem ausgehöhlten Kürbis, einem leeren Glas oder einer leeren Konservendose ein Musikinstrument machen, indem sie sie mit Steinen, Muscheln oder Münzen füllen.*

**Material:** leeres Marmeladenglas, Steine oder Münzen zum Hineinfüllen
**Alter:** ab 3 Jahren

Steine oder Münzen in ein leeres Marmeladenglas füllen und den Deckel fest zuschrauben. Fertig ist die Rassel.

# Aboriginesorchester

*Zu einem richtigen Aboriginesorchester gehören Klanghölzer, Didgeridoo, Rasseln, Bumerang, Schlagstöcke und andere Gegenstände, die die Kinder auf den Boden schlagen können. Jedes Kind sucht sich ein Instrument aus. Vielleicht möchten auch einige Kinder ihren eigenen Körper als Instrument benutzen.*

**Material:** unterschiedliche Musikinstrumente
**Alter:** abhängig von den Instrumenten

Die Kinder die verschiedenen Instrumente zunächst einfach ausprobieren lassen. Nach einer Weile wechseln sich die Kinder ab und jedes Kind erzeugt mit einem anderen Instrument Töne. Das gibt ziemlich viel Krach, deshalb darf anschließend jedes Kind mal alleine auf einem Instrument seiner Wahl spielen.

Gemeinsam überlegen, welche Klänge sich mit welchem Instrument besonders gut hervorbringen lassen. Wie lassen sich die Töne beschreiben? (Beispiel: Die Rasseln scheppern und das Didgeridoo brummt tief). Wie hört sich das Stampfen der Füße oder das Schlagen auf die Wangen an?

Die Kinder anleiten, folgende Töne mit jedem Instrument auszuprobieren: Harte Töne – weiche Töne, laute Töne – leise Töne, leichte Töne – schwere Töne, schnelle Töne – langsame Töne, kurze Töne – lange Töne, hohe Töne – tiefe Töne.

Die Spielleitung gibt mit einem Schlagstock einen 4/4-Takt vor und die SpielerInnen der einzelnen Instrumente finden sich in den Takt ein.

# Ein Klangteppich aus Wörtern

**Material:** keins
**Alter:** ab 5 Jahren

Die Kinder sitzen im Kreis. Jedes Kind denkt sich ein Wort aus und spricht es aus, klatscht oder stampft dabei. Alle Kinder wiederholen ihre Wörter gleichzeitig. Aus diesen vielen verschiedenen Wörtern und Rhythmen entsteht ein Klangteppich.
Die Lautstärke variieren.
Die Kinder können die Wörter mal leise sprechen oder mal lauter, mal energisch und mal flüsternd. Anschließend versuchen die Kinder einen gemeinsamen Rhythmus zu finden. Alternativ können die Kinder ein einzelnes Wort auf unterschiedliche Weise singen.

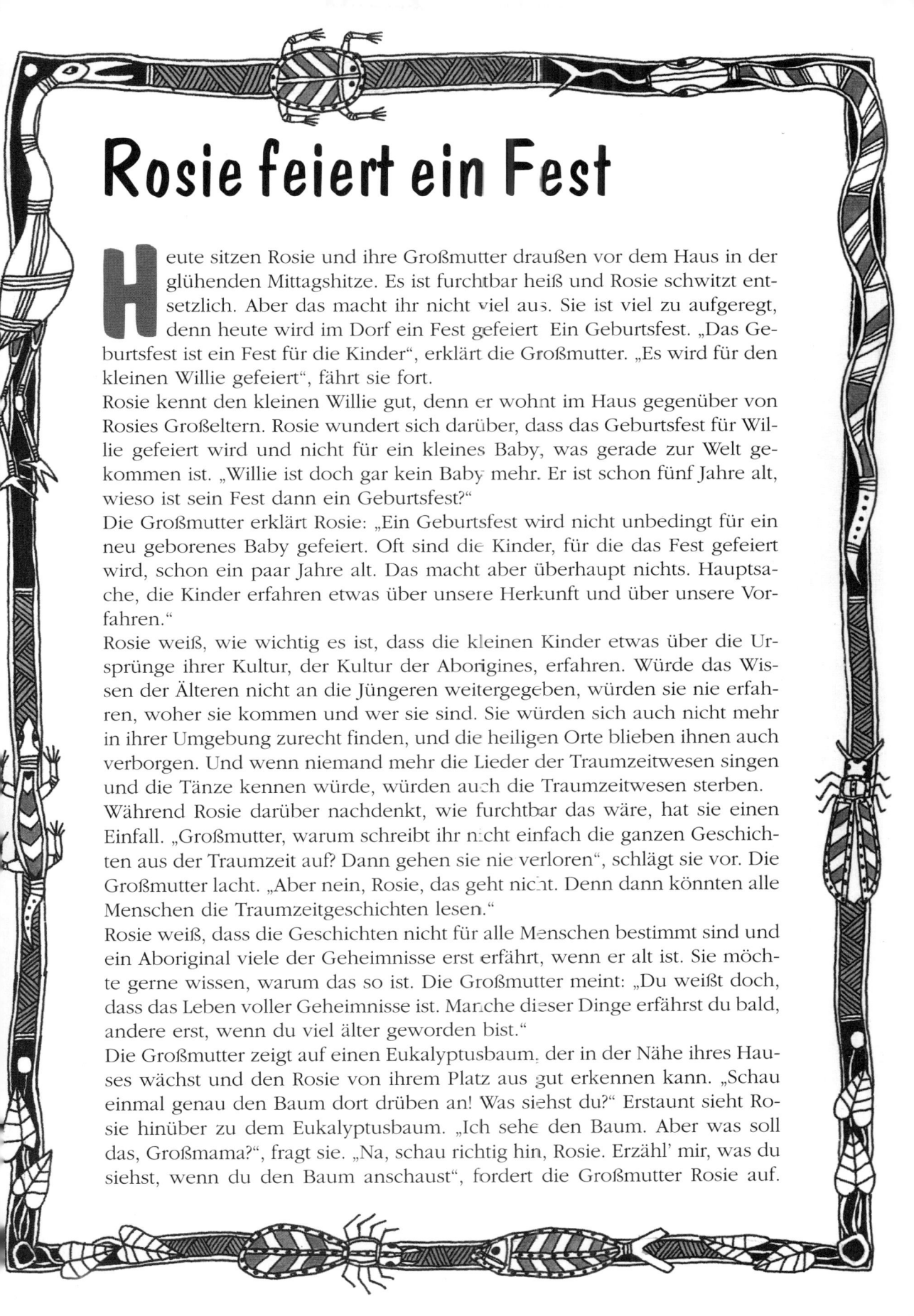

# Rosie feiert ein Fest

**H**eute sitzen Rosie und ihre Großmutter draußen vor dem Haus in der glühenden Mittagshitze. Es ist furchtbar heiß und Rosie schwitzt entsetzlich. Aber das macht ihr nicht viel aus. Sie ist viel zu aufgeregt, denn heute wird im Dorf ein Fest gefeiert. Ein Geburtsfest. „Das Geburtsfest ist ein Fest für die Kinder", erklärt die Großmutter. „Es wird für den kleinen Willie gefeiert", fährt sie fort.

Rosie kennt den kleinen Willie gut, denn er wohnt im Haus gegenüber von Rosies Großeltern. Rosie wundert sich darüber, dass das Geburtsfest für Willie gefeiert wird und nicht für ein kleines Baby, was gerade zur Welt gekommen ist. „Willie ist doch gar kein Baby mehr. Er ist schon fünf Jahre alt, wieso ist sein Fest dann ein Geburtsfest?"

Die Großmutter erklärt Rosie: „Ein Geburtsfest wird nicht unbedingt für ein neu geborenes Baby gefeiert. Oft sind die Kinder, für die das Fest gefeiert wird, schon ein paar Jahre alt. Das macht aber überhaupt nichts. Hauptsache, die Kinder erfahren etwas über unsere Herkunft und über unsere Vorfahren."

Rosie weiß, wie wichtig es ist, dass die kleinen Kinder etwas über die Ursprünge ihrer Kultur, der Kultur der Aborigines, erfahren. Würde das Wissen der Älteren nicht an die Jüngeren weitergegeben, würden sie nie erfahren, woher sie kommen und wer sie sind. Sie würden sich auch nicht mehr in ihrer Umgebung zurecht finden, und die heiligen Orte blieben ihnen auch verborgen. Und wenn niemand mehr die Lieder der Traumzeitwesen singen und die Tänze kennen würde, würden auch die Traumzeitwesen sterben.

Während Rosie darüber nachdenkt, wie furchtbar das wäre, hat sie einen Einfall. „Großmutter, warum schreibt ihr nicht einfach die ganzen Geschichten aus der Traumzeit auf? Dann gehen sie nie verloren", schlägt sie vor. Die Großmutter lacht. „Aber nein, Rosie, das geht nicht. Denn dann könnten alle Menschen die Traumzeitgeschichten lesen."

Rosie weiß, dass die Geschichten nicht für alle Menschen bestimmt sind und ein Aboriginal viele der Geheimnisse erst erfährt, wenn er alt ist. Sie möchte gerne wissen, warum das so ist. Die Großmutter meint: „Du weißt doch, dass das Leben voller Geheimnisse ist. Manche dieser Dinge erfährst du bald, andere erst, wenn du viel älter geworden bist."

Die Großmutter zeigt auf einen Eukalyptusbaum, der in der Nähe ihres Hauses wächst und den Rosie von ihrem Platz aus gut erkennen kann. „Schau einmal genau den Baum dort drüben an! Was siehst du?" Erstaunt sieht Rosie hinüber zu dem Eukalyptusbaum. „Ich sehe den Baum. Aber was soll das, Großmama?", fragt sie. „Na, schau richtig hin, Rosie. Erzähl' mir, was du siehst, wenn du den Baum anschaust", fordert die Großmutter Rosie auf.

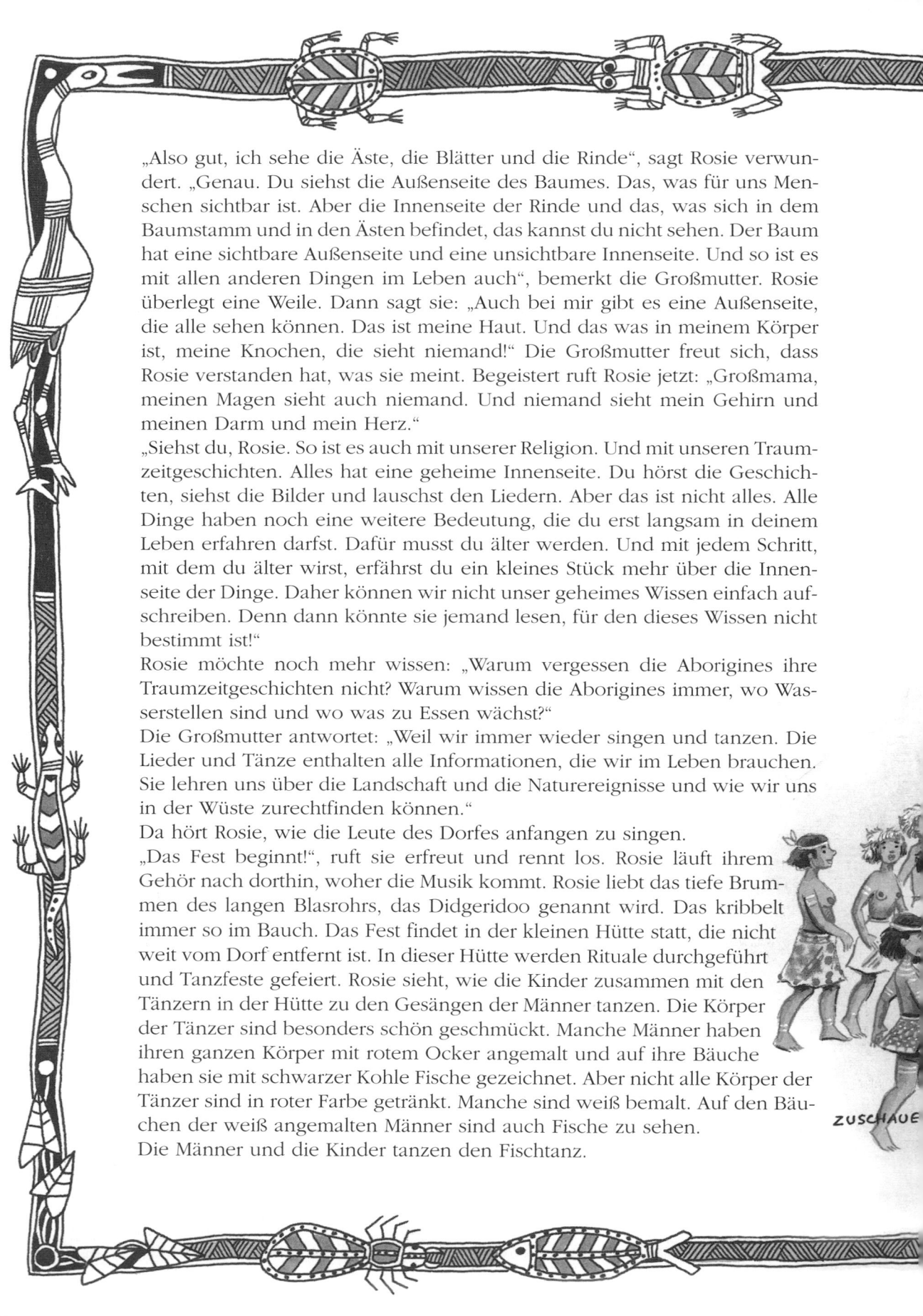

„Also gut, ich sehe die Äste, die Blätter und die Rinde", sagt Rosie verwundert. „Genau. Du siehst die Außenseite des Baumes. Das, was für uns Menschen sichtbar ist. Aber die Innenseite der Rinde und das, was sich in dem Baumstamm und in den Ästen befindet, das kannst du nicht sehen. Der Baum hat eine sichtbare Außenseite und eine unsichtbare Innenseite. Und so ist es mit allen anderen Dingen im Leben auch", bemerkt die Großmutter. Rosie überlegt eine Weile. Dann sagt sie: „Auch bei mir gibt es eine Außenseite, die alle sehen können. Das ist meine Haut. Und das was in meinem Körper ist, meine Knochen, die sieht niemand!" Die Großmutter freut sich, dass Rosie verstanden hat, was sie meint. Begeistert ruft Rosie jetzt: „Großmama, meinen Magen sieht auch niemand. Und niemand sieht mein Gehirn und meinen Darm und mein Herz."

„Siehst du, Rosie. So ist es auch mit unserer Religion. Und mit unseren Traumzeitgeschichten. Alles hat eine geheime Innenseite. Du hörst die Geschichten, siehst die Bilder und lauschst den Liedern. Aber das ist nicht alles. Alle Dinge haben noch eine weitere Bedeutung, die du erst langsam in deinem Leben erfahren darfst. Dafür musst du älter werden. Und mit jedem Schritt, mit dem du älter wirst, erfährst du ein kleines Stück mehr über die Innenseite der Dinge. Daher können wir nicht unser geheimes Wissen einfach aufschreiben. Denn dann könnte sie jemand lesen, für den dieses Wissen nicht bestimmt ist!"

Rosie möchte noch mehr wissen: „Warum vergessen die Aborigines ihre Traumzeitgeschichten nicht? Warum wissen die Aborigines immer, wo Wasserstellen sind und wo was zu Essen wächst?"

Die Großmutter antwortet: „Weil wir immer wieder singen und tanzen. Die Lieder und Tänze enthalten alle Informationen, die wir im Leben brauchen. Sie lehren uns über die Landschaft und die Naturereignisse und wie wir uns in der Wüste zurechtfinden können."

Da hört Rosie, wie die Leute des Dorfes anfangen zu singen.

„Das Fest beginnt!", ruft sie erfreut und rennt los. Rosie läuft ihrem Gehör nach dorthin, woher die Musik kommt. Rosie liebt das tiefe Brummen des langen Blasrohrs, das Didgeridoo genannt wird. Das kribbelt immer so im Bauch. Das Fest findet in der kleinen Hütte statt, die nicht weit vom Dorf entfernt ist. In dieser Hütte werden Rituale durchgeführt und Tanzfeste gefeiert. Rosie sieht, wie die Kinder zusammen mit den Tänzern in der Hütte zu den Gesängen der Männer tanzen. Die Körper der Tänzer sind besonders schön geschmückt. Manche Männer haben ihren ganzen Körper mit rotem Ocker angemalt und auf ihre Bäuche haben sie mit schwarzer Kohle Fische gezeichnet. Aber nicht alle Körper der Tänzer sind in roter Farbe getränkt. Manche sind weiß bemalt. Auf den Bäuchen der weiß angemalten Männer sind auch Fische zu sehen.

Die Männer und die Kinder tanzen den Fischtanz.

ZUSCHAUE

Rosie und ihre Freundin Amy reihen sich in die Reihe der tanzenden Kinder ein. In den Gesängen der Männer wird von der Zeit der Dürre berichtet. Sie singen von der Zeit der Trockenheit, wenn die Flüsse austrocknen und die Fische nach Luft schnappen müssen, weil kein Wasser mehr in den Flüssen ist. Die Tänzer ahmen bei dieser Strophe die Fische nach, die nach Luft ringen. Dann singen die Männer davon, wie Djarrewarre, das wilde Honigwesen, den Regen schickt und die Flüsse sich wieder mit Wasser füllen, die Pflanzen wieder sprießen und die Fische gerettet werden. Jetzt ahmen die Tänzer die Schwimmbewegungen der Fische nach.

Der kleine Willie hat inzwischen einen Ehrenplatz in der Hütte eingenommen, denn schließlich ist es ja sein Geburtsfest. Willie ist geschmückt und mit den Zeichen Djarrewarres angemalt worden, dem wichtigsten Wesen für die Menschen vom wilden Honig. Von seinen Verwandten, die von weither für dieses Fest gekommen sind, erhält Willie ein besonderes Geschenk. Sie haben ihm aus einem Eukalyptusbaum einen Pfahl geschnitzt. Dieser Pfahl ist riesig groß und mit bunten Federn und Schnüren geschmückt. Am oberen Ende des Pfahls befindet sich ein Haarbüschel von Willie, das ihm seine Mutter abgeschnitten hat, als er noch ein winziges Baby war.

Rosie versteht jetzt, wie wichtig solche Feste sind. Willie wird dieses Fest bestimmt nie vergessen, selbst wenn er eines Tages vielleicht nicht mehr in der kleinen Aboriginesgemeinde leben wird, sondern vielleicht in einer der großen Städte Australiens. Und er wird ebenfalls nie vergessen, wohin er gehört.

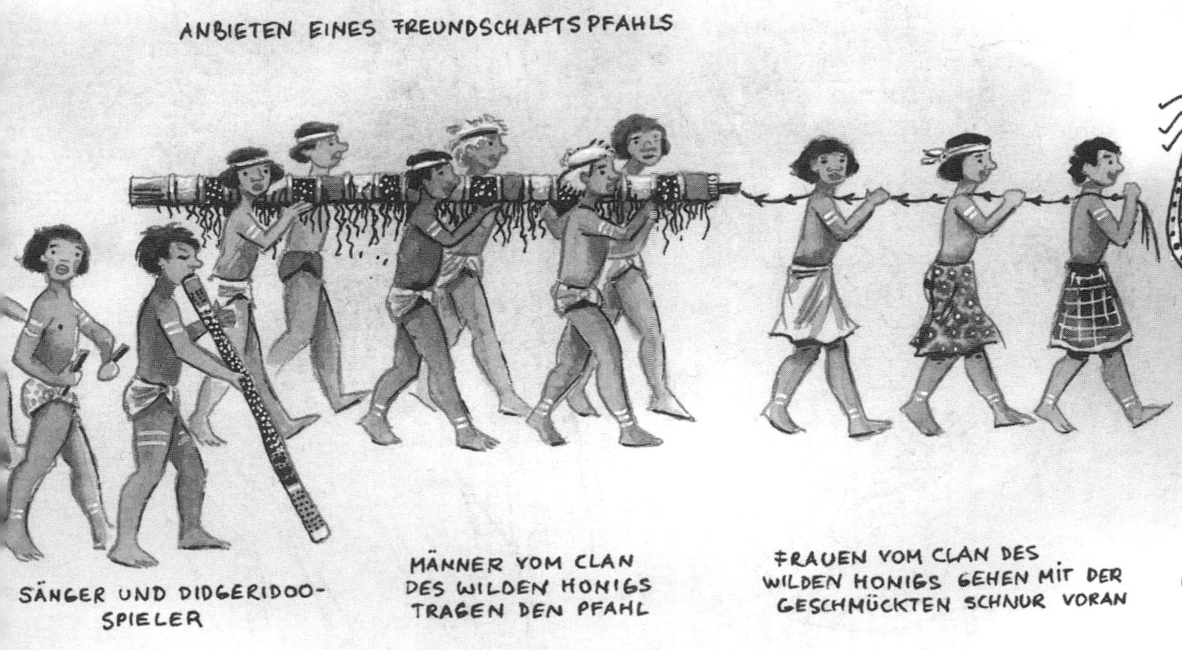

ANBIETEN EINES FREUNDSCHAFTSPFAHLS

SÄNGER UND DIDGERIDOO-SPIELER

MÄNNER VOM CLAN DES WILDEN HONIGS TRAGEN DEN PFAHL

FRAUEN VOM CLAN DES WILDEN HONIGS GEHEN MIT DER GESCHMÜCKTEN SCHNUR VORAN

# Kohlestifte herstellen

*Für den Fischtanz bemalen sich die Aborigines oftmals mit Kohlestiften, die Kinder ganz einfach selber herstellen können, wenn sie in der Nähe eines Lagerfeuers sind.*

**Material:** kleine Holzstückchen, ein kleines Eisenrohr (Baumarkt), Korken, Messer, Feuer, Topflappen
**Alter:** ab 4 Jahren (mit Hilfe eines Erwachsenen)

Kleine Zweige sammeln und diese in das Rohr legen.
Korken so zurechtschneiden, dass damit eine Öffnung des Rohres gut verschlossen werden kann.
Das Rohr ins Feuer stellen, so dass die nicht verschlossene Öffnung nach oben zeigt und die Kinder noch hineingucken können.
Kurz darauf fängt das Holz im Rohr Feuer. Wenn das Holz nicht mehr brennt, das Rohr mit einem Topflappen aus der Glut nehmen.
Die Zweige haben sich jetzt in Kohlestifte verwandelt, mit denen die Kinder malen können.

**Tipp:** Unterschiedliche Holzarten verwandeln sich in Kohlestifte mit unterschiedlicher Stärke. Einfach ausprobieren!

# Körperbemalung für den Fischtanz

*Die Aborigines bemalen zuerst ihren ganzen Körper mit rotem oder weißem Ocker, bevor sie darauf die Fische malen.*

**Material:** Schminke oder Kohlestifte
**Alter:** ab 4 Jahren

Am besten bemalen sich die Kinder gegenseitig.
T-Shirts ausziehen und die Umrisse eines Fisches auf den Bauch malen. Der Kopf des Fisches zeigt entweder nach oben oder nach unten. Dann das Muster der Schuppen und die Flossen malen. Die Aborigines malen sich anschließend um die Oberschenkel und Oberarme zwei Bänder und zwei Balken quer über den Brustkorb.

# Der Fischtanz

*Die Aborigines, die in den nördlichen Gegenden von Australien leben, tanzen diesen Tanz, um den Jahreszeitenwechsel zu würdigen. Die Tänzer malen sich für den Fischtanz mit Ocker und schwarzer Kohle Fische auf den Bauch. Meistens berichten die dazugehörigen Gesänge von der Trockenzeit und von den Regenfällen. Dann ahmen die Tänzer die Fische nach, wie sie in der Zeit der Dürre nach Luft schnappen oder sie rudern mit den Armen, um zu zeigen, wie die Fische in den wieder gefüllten Flüssen freudig durchs Wasser schwimmen. Der Fischtanz ist auch bei kleinen Aboriginskindern sehr beliebt, da er sehr einfach zu tanzen ist und alle mittanzen dürfen.*

**Material:** Klanghölzer, Schlagstöcke
**Alter:** ab 4 Jahren

Einige der Kinder tanzen nicht mit, sondern übernehmen das rhythmische Klatschen mit den Händen sowie das Schlagen von Schlagstöcken oder Klanghölzern. Die anderen Kinder bilden einen Tanzkreis.

Für die Ausgangsposition gehen die Tänzer in die Knie und stellen sich ein bisschen breitbeinig auf. Die Füße zeigen nach außen. Die Arme ein wenig anwinkeln und locker herunterbaumeln lassen. Die Handflächen zeigen dabei ebenfalls nach außen.

Die Kinder beginnen mit dem linken Fuß. Mit diesem Fuß machen sie einen nicht zu großen seitlichen Schritt nach rechts, so dass das linke Bein jetzt dicht neben dem rechten Bein steht. Die Knie bleiben angewinkelt und die Kinder können dabei zum Rhythmus wippen.

Dann schreiten die Tänzer mit dem rechten Fuß nach rechts. Die Füße stehen wieder weit auseinander.

Diese Schritte erfolgen viermal hintereinander, dann wechseln die Kinder die Richtung. Jetzt beginnt der rechte Fuß nach links zu schreiten.

Immer dann, wenn die Füße zusammenstehen, zeigen die geöffneten Handflächen nach innen. Während des Schreitens drehen die Kinder die Handflächen nach außen. Die Kinder können versuchen die Fische nachzuahmen, indem sie mit den Armen paddeln, als ob sie schwimmen würden, oder sie machen die Mundbewegungen der Fische nach.

**Hinweis:** Als Musik zu diesem Tanz eignen sich die Stücke *„Alle Kinder wollen heute fischen gehen"* (☉ 17) und *„Lach, Kookaburra"* (☉ 13).

# Alle Kinder wollen heute fischen gehn

⊙ 17
T. & M.: Pit Budde

Al - le Kin - der wol - len   heu - te fi - schen - gehn.   Al - le Kin - der wol - len

heu - te fi - schen - gehn.   Al - le Kin - der wol - len   heu - te fi - schen - gehn.

Alle Kinder wollen heute fischen gehn
Alle Kinder wollen heute fischen gehn
Alle Kinder wollen heute fischen gehn
Alle Kinder wollen heute fischen gehn
Alle Kinder wollen heute fischen gehn

Wer kommt mit durch den Wald zum Fluss...

Wirf das Netz in den seichten Fluss...

Fische glitzern im Sonnenlicht...

Zieht das Netz aus dem großen Fluss...

Schau die Fische zappeln im Netz...

Alle Kinder wollen heute fischen gehn...

# Freundschaftspfahl

*Für das Geburtsfest stellen die Verwandten des Kindes, dem dieses Fest gilt, einen Pfahl her, den sie mit persönlichen Dingen schmücken. Diesen Pfahl nennen sie Freundschaftspfahl. Die Kinder können einen solchen Freundschaftspfahl für ein Kind basteln, das Geburtstag hat.*

**Material:** ein hölzerner Besenstiel, buntes Krepppapier, Klebestift, Klebeband, Ketten, Federn, Muscheln u. Ä.
**Alter:** ab 4 Jahren

Den Besenstiel mit Krepppapier in verschiedenen Farben umwickeln und festkleben. Einzelne Krepppapierbänder in der Länge von ca. 10 cm so an dem Pfahl befestigen, dass sie in unterschiedlicher Höhe herabhängen. Den Pfahl mit Muscheln, Ketten und Federn schmücken.

# Kindercorroboree

*Tanz, Musik und Gesänge begleiten jedes Ritual und Fest der Aborigines. Ein Tanzfest der Aborigines wird Corroboree genannt. (Das Wort Corroboree wird übrigens auf der zweiten Silbe betont.) Ursprünglich war damit ein Tanz gemeint, der einer Theateraufführung gleicht, denn die Tanzenden erzählen mit Hilfe von Pantomime eine Geschichte. Heute verwenden die Aborigines den Begriff aber für alle ihre Tanzfeste, da sie nämlich bei den meisten Tanzfesten auch Geschichten über die Entstehung des jeweiligen Volkes, über ihr Totem, Jagdszenen oder Mythen aus der Traumzeit erzählen.*

*Heute führen die Aborigines sogar auch Geschichten über den ersten Kontakt mit den Europäern auf.*

*Was passiert denn eigentlich bei so einem Corroboree? Das Wichtigste bei einem Corroboree ist natürlich der Tanz. Die Tanzschritte sind immer streng festgelegt. Der Tanz wird von Musik und Gesang begleitet. Die Festteilnehmer klatschen in die Hände, stampfen mit den Füßen oder schlagen zwei Hölzer oder zwei Bumerangs aufeinander. Bei einem Corroboree bestehen die Gesänge aus vielen verschiedenen Melodien und auch der Rhythmus wird mal schneller, mal wieder langsamer. Das hängt ganz von der mythischen Geschichte ab, über die gesungen wird. Die Tänzer schreien oder kreischen sogar dazu. Ein Corroboree kann die ganze Nacht dauern.*

**Material:** abhängig von der Planung
**Alter:** ab 4 Jahren

Gemeinsam überlegen alle, wie das Kindercorroboree gestaltet werden soll.

Gibt es einen aktuellen Anlass, ein Fest zu feiern, wie zum Beispiel einen Geburtstag? Was benötigen die FestteilnehmerInnen für das Fest?

Zu welcher Tageszeit soll das Fest stattfinden?

Welche Tänze wollen die Kinder tanzen? Welche Musikinstrumente wollen die Kinder spielen?

Findet das Fest im Sommer statt, können sich die Kinder feierlich bemalen. In einem großen Garten können die Kinder *Wohnzelte* bauen. Lässt die Planung es zu, können die Kinder in den Wohnzelten übernachten.

Das Fest kann abends bei Dunkelheit an einem Feuer stattfinden. Die Kinder können Kartoffeln auf Stöcken im Feuer garen. Vorher *Damper* und *Buschtomatenchutney* sowie *Buschtee* vorbereiten.

Nach dem Essen tanzen die Kinder und spielen dazu die Musikinstrumente.

*Bienentanz, Kängurutanz* und der *Fischtanz* eignen sich gut für ein Kindercorroboree. Die Tanzschritte sind einfach und schnell zu lernen.

Ziel ist es, die Kinder die Besonderheit eines Corroborees erleben zu lassen. Dabei dürfen sie ihr Corroboree selber planen und gestalten. Möglichst naturgetreu die andere Kultur nachzuspielen soll hierbei jedoch nicht das Ziel sein.

# Tanz mit einem Pfahl

*Männer, Frauen und Kindern tanzen diesen Tanz bei einer Initiation am Feuer. Es gibt verschiedene, nach Geschlechtern getrennte, pantomimische Tanzeinlagen. Die Pfähle sollen die langen Beine der Traumzeitwesen symbolisieren. Oftmals tanzen und singen die Festteilnehmer die ganze Nacht.*

**Material:** ein Pfahl oder ein langer Stock
**Alter:** ab 5 Jahren

Alle Kinder bilden einen großen Tanzkreis. Einige der Kinder stampfen mit den Füßen und dem Pfahl rhythmisch auf die Erde oder schlagen einen Bumerang gegen den Pfahl. Die anderen Kinder machen folgende Tanzsprünge:
Die Füße stehen parallel nebeneinander und die Beine sind ein wenig angewinkelt. Die Kinder machen sehr schnelle kurze Sprünge vorwärts.

Die Hände vor dem Körper halten. Abwechselnd beide Arme einmal zur rechten Seite nach oben strecken und dann zur linken Seite nach unten bewegen. Immer dann, wenn die Hände entweder oben oder unten sind, die Hände öffnen und die Finger spreizen.
Weil die Sprünge sehr anstrengend sind und die Tänzer nach einiger Zeit das Gleichgewicht verlieren können, stehen hinter den Aboriginestänzern immer Personen, die die Tänzer im Notfall auffangen.
Die Aborigines schmücken ihre Pfähle mit Blättern. Durch das Stampfen fallen die Blätter ab. Immer, wenn sich ein Blatt vom Pfahl löst und zum Boden schwebt, rufen alle Festteilnehmer „oooo".
**Hinweis:** Für den Tanz um den Pfahl eignen sich die Stücke *„Bienenflügel"* (⊙ 9), *„Lach, Kookaburra"* (⊙ 13), *„Bring dein Känguru mit, Pit"* (⊙ 23 + 21).

# Die Felsmalereien in Arnhemland

Die Felsmalereien der Aborigines gelten als die älteste Kunstform auf der ganzen Welt. Im Norden von Australien und in Zentralaustralien befinden sich Felsmalereien und Felsgravierungen, die vermutlich über 60.000 Jahre alt sind. Das bedeutet, dass diese Felsmalereien sogar älter sind als die berühmten Höhlenmalereien von Lascaux.

Es handelt sich bei diesen Bildern um Abbildungen von kleinen Geistern, von Jagdszenen und von Tieren. Aber wer hat diese eindrucksvollen Bilder auf die Felsen gemalt? Die Aborigines sagen, dass es sich bei den Bildern um Fußabdrücke und Spuren der Traumzeitwesen handelt. Manche der Traumzeitwesen sollen die Bilder auch gemalt haben und sind dann eines Tages in ihre Malereien hineingekrochen.

Die Aborigines sehen es als ihre Aufgabe an, die Felsbilder in Schuss zu halten. Seit vielen tausend Jahren erneuern sie ständig die Farbe der Bilder. Westliche Wissenschaftler behaupten natürlich, dass die Bilder nicht von mythischen Wesen, sondern vor vielen tausend Jahren von Menschen geschaffen wurden. Waren die Künstler vielleicht sogar mythische Wesen in Menschengestalt? Ganz gleich, wer denn nun die Künstler waren, versuchen wir uns doch einmal vorzustellen, unter welchen klimatischen und geografischen Bedingungen diese wunderschönen Bilder in Arnhemland entstanden sind.

Arnhemland nimmt eine riesige Fläche von fast 150 000 km² ein. Landschaft und Wetter sind in Arnhemland alles andere als einheitlich – es geht kaum gegensätzlicher.

Es gibt hier trockene Steppen, aber auch eine Menge Wälder.

Viele der Felsbilder befinden sich im westlichen Arnhemland auf dem Sandsteinplateau der Kombolgie-Formation. Hierbei handelt es sich um einen riesigen massiven Block aus Quarzsandstein. Der Felsblock der Kombolgie-Formation ist nicht gleichmäßig geformt. An manchen Stellen hängen die Felsen ein wenig über. An anderen Stellen wiederum hat der Felsen tiefe Risse und es gibt sogar kleine Flussquellen am Fuß des Hanges.

Die Menschen, die hier vor vielen tausenden von Jahren lebten, versammelten sich oft, um gemeinsam ein Bild an die Felswände zu malen. Sie malten die Dinge, die für sie und ihr Leben unter extremen Bedingungen besonders wichtig und wertvoll waren.

Wasser war etwas besonders Wichtiges für diese Menschen. In der Trockenzeit war Wasser für die Menschen in Arnhemland knapp und nur in kleinen abgelegenen Wasserstellen und Quellen zu finden. Wer diese Stellen nicht fand, riskierte zu verdursten. In der Trockenzeit gab es auch keine Fische, die einen Teil der Nahrungsgrundlage dieser Menschen ausmachten.

Auf die Dürre folgte die Regenzeit. Jetzt konnten sich die Fische in den Flüssen wieder vermehren. Wasser sorgte somit indirekt für neue Nahrungsquellen.

Aber Wasser konnte die Menschen auch bedrohen. Heftige Regenstürme und Unwetter während der Regenzeit waren nicht von Seltenheit. Oft wurden Landschaften dadurch zerstört und die Menschen in diesem Gebiet hinauf in die Steilhänge der Felsen getrieben, damit sie sich dort vor den reißenden Wassermassen in Sicherheit bringen konnten.

Wasser besaß in den Augen der Menschen eine ungeheure Macht. Schließlich hing ihr ganzes Leben von den Launen des Wassers ab.

Es liegt also nahe, dass die Künstler Motive für ihre Bilder wählten, die von der Macht des Wassers handeln. Blitzgeister, Regenbogenschlange und Fische sind daher in dieser Gegend häufige Motive der Felsmalereien.

# Was die Malereien erzählen

Auf vielen anderen Felsbildern der Aborigines sind für uns unverständliche geometrische Muster zu sehen, wie beispielsweise Kreise, Linien und Rauten. Aber eigentlich muss man nur ein bisschen nachdenken, um selber darauf zu kommen, was die Symbole bedeuten könnten. Was ist rund wie ein Kreis? Vielleicht ein Wasserloch, eine Feuerstelle oder ein Platz, an dem Menschen ein Lager aufgestellt haben? Aber auch Früchte oder die Brüste der Frauen sind rund und werden daher von den Aborigines ebenso als Kreise dargestellt. Manchmal sind die Kreise in den Felsbildern mit Linien verbunden. Das heißt dann, dass es einen Weg gibt, der diese beiden Orte verbindet.

Leicht gebogene Linien können Wolken oder Bumerang bedeuten. Wellenförmige Linien stellen oftmals eine Schlange oder einen Regenbogen dar. Manchmal findet man in den Felsbildern auch gemalte Fußspuren. Das kann entweder „Mensch" bedeuten oder für ein Tier wie das Känguru oder den Emu stehen.

Für die Malereien benutzten die Aborigines die vier Farben Rot, Gelb, Weiß und Schwarz.

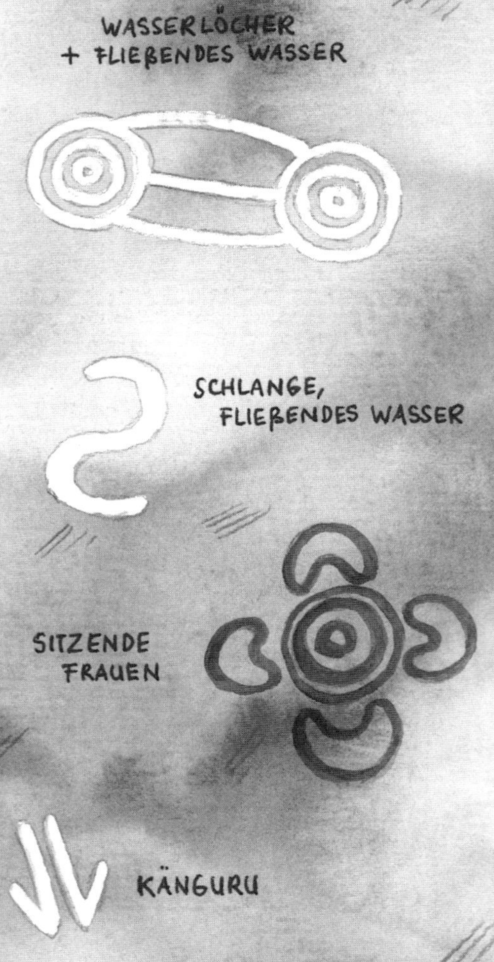

WASSERLÖCHER + FLIEßENDES WASSER

SCHLANGE, FLIEßENDES WASSER

SITZENDE FRAUEN

KÄNGURU

PFAD, LAGERPLATZ

104

Die Aborigines fertigen ein Bild übrigens immer gemeinsam an, denn das ist eine feststehende Regel. Dass es so eine Regel gibt, hat einen ganz bestimmten Grund. Wie die Lieder und Tänze der Aborigines handeln auch die Malereien von den Ereignissen und den Wesen der Traumzeit. Damit die Geschichten richtig wiedergegeben werden und respektvoll mit ihnen umgegangen wird, ist es vorgeschrieben, dass immer mehrere Personen das Erstellen eines Bildes überwachen.

Die Art und Weise, wie die Aborigines ihre Bilder gemalt haben, und der Stil haben sich natürlich im Laufe der Zeit auch verändert. In vielen Felsbildern finden wir Darstellungen von Tieren, bei denen die inneren Organe der Tiere zu sehen sind, als ob man in sie hineingucken könnte. Daher nennt man diesen Stil Röntgenstil. Der Röntgenstil ist noch nicht so alt. Vermutlich begannen die Menschen vor ungefähr 3000 Jahren in diesem Stil zu malen.
Die Aborigines malten vor allem Tiere, die sie von der Jagd kannten, wie beispielsweise Fische, Emus und Kängurus. Auch der frühe Kontakt mit den Europäern wurde später zum Motiv einiger Felsmalereien. In diesen Bildern erkennt man Schiffe, Gewehre und Pferde, eben solche Dinge, die die Aborigines vor Ankunft der Europäer auf dem Kontinent nicht kannten.

WASSERLOCH, FEUERSTELLE, BRÜSTE

EMU

PERSON

BLITZ, SPEER

MENSCH

BUMERANG

REGEN

# Wondjinas und Mimigeister

Auf den Felswänden im westlichen Arnhemland und im Kakadu National Park finden wir Bilder von kleinen Geistern, die Mimis genannt werden. Mimis sind zarte und überaus scheue Geister, die den Menschen recht ähnlich sind. Sie wohnen in unterirdischen Wohnungen unter Felsen und können nur draußen umherwandeln, wenn kein Wind weht. Weil die Mimis so dünn und so zerbrechlich sind, würde nämlich ein kleiner Windstoß genügen, um ihnen das Genick zu brechen. Die Wohnungen der Mimis haben daher auch keine Türen, damit nicht durch eine kleine Ritze doch noch Wind hereinkommt. Wenn die Mimis ihre Wohnungen verlassen wollen, blasen sie dafür einfach auf den Stein des Felsen. Der Felsen öffnet sich und die Mimis können hinaus. Weil die Mimis so schrecklich scheu sind und sich sofort wieder in ihren Felsen zurückziehen, wenn sie einen Menschen wittern, hat bisher noch kein Mensch einen dieser kleinen Geister gesehen. Eigentlich sind die Mimis freundliche Wesen, außer sie werden geärgert. Dann können sie sogar so zornig werden, dass sie einen Aboriginal töten. Die Aborigines sagen, dass die Mimis die ersten Felsbilder gemalt haben und den Aborigines gezeigt haben, wie man malt. Die Lieblingsfarbe der Mimis ist übrigens Rot. Aus diesem Grund sind die Felsbilder von ihnen fast immer in Rot gemalt.

Ein weiterer Ort in Australien, der berühmt ist für seine Felsmalereien, ist das Gebiet der Kimberleys im nördlichen Westen von Australien. Schätzungsweise gibt es hier 5000 Stellen mit Felsmalereien, von denen die ältesten schon über 18.000 Jahre alt sind. Es gibt auf der Welt keinen anderen vergleichbaren Ort, wo man so viele Felsmalereien auf einem Fleck finden kann wie hier.

Berühmt sind die Kimberleys vor allem wegen der Wondjinadarstellungen, die man nur hier findet. Aber was sind denn Wondjinas eigentlich?

Wondjinas sind Ahnenwesen. Die Aborigines sagen, dass die Wondjinas aus dem Himmel und aus dem Meer kommen. Den allerersten Wondjina schuf die große mächtige Regenbogenschlange Ungud in der Traumzeit.

Die Wondjinas leben auf dem Grund der Wasserstellen in der Nähe der Felsen. Sie bringen den Regen und herrschen über das Wetter und die Fruchtbarkeit des Landes. Eine besonders wichtige Aufgabe der Wondjinas ist es, die Seelen der Kinder zu schaffen. Die Regenbogenschlange hat also die Wondjinas und die Wondjinas haben die Seelen der Menschenkinder geschaffen. Auf diese Weise besitzt jeder Mensch auch ein Stück Kraft der Regenbogenschlange. Für die Aborigines sind die Darstellungen der Wondjinas auf den Felswänden nichts anderes als Körperabdrücke, die die Wondjinas den Menschen hinterlassen haben. Die Bilder der Wondjinas sind oftmals bis zu sechs Meter groß.

# Die Geschichte vom Känguru und dem Dingo

Einst wanderten die beiden Freunde Kurabara und Buruk übers Land. Als sie müde wurden, suchten sie einen geeigneten Ort um auszuruhen. Sie kamen an einen Felsen und beschlossen, sich hier niederzulassen. Nachdem sie gegessen und eine Weile herumgesessen hatten, erkundeten sie den Felsen. In einer Höhle des Felsens fanden sie wunderschöne Malereien an den Wänden. Die Malereien stellten Tiere und Menschen dar. Kurabara und Buruk bekamen große Lust auch etwas an die Felswände zu malen. Aber sie mussten weiterziehen. So brachen sie wieder auf und setzten ihre Wanderung fort. Nach einigen Tagen kamen sie zu einem anderen Felsen. „Jetzt malen wir aber endlich etwas!", schlug Kurabara vor und er malte ein Bild von Buruk als Dingo an die Felswand. Dann war Buruk an der Reihe. Er malte ein Bild von Kurabara als Känguru. Beide Freunde waren so begeistert von ihren Bildern, dass sie sich auf der Stelle in die gemalten Tiere verwandelten. Von nun an lebte Buruk als Dingo und Kurabara als Känguru. Dingo und Känguru zogen weiter durch die Gegend, bis sie eines Tages in ihre Felsbilder zurückkehrten. In ihnen leben sie heute noch. (5)

# Die Geschichte von der Mimifrau

Vor langer, langer Zeit, als gerade die Traumzeitwesen die Erde und die Menschen geschaffen hatten, lebte ein Mädchen. Eines Tages fragte ein alter, hässlicher Mann den Vater des Mädchens, ob er das Mädchen heiraten dürfe. Der Vater hatte nichts dagegen und willigte ein. Aber dem Mädchen gefiel der alte Mann überhaupt nicht. Sie fand ihn hässlich und abstoßend und sie wollte ihn auf gar keinen Fall heiraten.

„Diesen hässlichen Mann werde ich bestimmt nicht heiraten!", rief das Mädchen wütend. Der Vater des Mädchens wurde ärgerlich. Schließlich hatte er bereits dem alten Mann sein Versprechen gegeben. „Du gehst sofort zu dem Mann und besuchst ihn!", befahl der Vater. Widerwillig besuchte das Mädchen von nun an jeden Abend den alten, hässlichen Mann am Lagerfeuer. Der Mann schenkte dem Mädchen leckere Speisen und kleine Geschenke. Aber ihre Gefühle änderten sich nicht. Sie konnte den alten, hässlichen Mann einfach nicht leiden. Und zum Ehemann wollte sie ihn schon gar nicht haben. Der alte Mann hoffte, das Mädchen würde bei ihm bleiben, aber bevor die Sonne aufging, war sie immer wieder zu ihren Eltern zurückgekehrt. Langsam wurde der alte Mann ungeduldig. Er strengte sich doch so an und konnte das Mädchen einfach nicht für sich gewinnen.

Eines Tages machte der alte Mann eine Wanderung, die ihn zu einem Felsen führte. Er malte auf den Felsen ein Bild von dem Mädchen und sang dazu ein Zauberlied. Auf diese Weise, so hoffte er, würde sich das Mädchen doch noch für ihn entscheiden. Aber das Zauberlied hatte eine furchtbare Wirkung. Das Mädchen magerte bis auf die Knochen ab und starb. Ihr Geist aber verwandelte sich in eine Mimifrau. Die Mimifrau lebte von nun an mit den anderen Mimigeistern unter den Felsen in unterirdischen Wohnungen. (6)

# Die Geschichte von Ungud, der Regenbogenschlange

**V**or langer, langer Zeit gab es noch kein Land und keine Lebewesen. Es gab nur das große Salzwasser und Ungud, die Regenbogenschlange, die darin lebte. Ungud besaß einen Bumerang. Eines Tages tauchte Ungud aus dem Salzwasser hervor und warf den Bumerang in einem hohen Bogen über die Wasseroberfläche. Der Bumerang sauste wie ein Blitz über das Salzwasser und an den Stellen, an denen er die Wasseroberfläche berührte, entstand Land. Dann stieg Ungud aus dem Wasser und machte einen gemütlichen Spaziergang über das neu entstandene Land. An manchen Stellen legte Ungud ein paar Eier. Nach kurzer Zeit schlüpften aus den Eiern lauter neue Wesen. Das waren die Wondjinas, die Ahnen der Menschen. (7)

# Unter meinen Füßen ist alles nass!

*Nach einem kühlen Regenguss füllten sich in Arnhemland die ausgetrockneten Flussbecken wieder, die Pflanzen begannen zu blühen und die Kinder konnten in den Pfützen spielen.*
*Die Kinder dieser Gegend lieben es, sich unter einen Wasserfall zu stellen und in den Pfützen zu planschen. Sie kennen viele Spiele mit Wasser. Dieses Spiel ist für Regenwetter geeignet und fördert die Wahrnehmungsfähigkeit der Kinder.*

**Material:** Augenbinden
**Alter:** ab 6 Jahren

Die Kinder tun sich zu zweit zusammen. Eines der Kinder bindet sich ein Tuch um die Augen. Das andere Kind führt sein Partnerkind über eine nasse Wiese, über nassen Sand, über Steine, durch eine Pfütze u. Ä. Das Kind mit den verbundenen Augen errät, über was es gerade geht. Dann die Rollen tauschen.

# Rette dich in die Pfütze!

*Die Aborigineskinder kennen viele Fangenspiele. Dies ist eine Variante für Regenwetter.*

**Material:** freie Fläche mit vielen Pfützen
**Alter:** ab 3 Jahren

Ein Kind soll die anderen Kinder fangen. Wer sich in eine Pfütze rettet, den darf der Fänger nicht abschlagen. Springt jedoch ein Kind in eine Pfütze, in der schon ein anderes Kind steht, so muss sich dieses eine neue Pfütze suchen. Ein gefangenes Kind tauscht mit dem Fänger die Rollen.

# Wie klingt der Regen?

**Material:** Wiese, Wasserschlauch, verschiedene Gegenstände
**Alter:** ab 3 Jahren

Die Kinder legen sich auf eine Wiese und schließen die Augen. Ein Kind darf den Wasserschlauch halten und zielt damit auf verschiedene Gegenstände, z. B. auf einen Stein, eine leere Flasche, einen Karton, einen Plastikeimer, einen Plastikball, einen Baum u. Ä.
Alle Kinder versuchen die Gegenstände am Klang des Regens zu erraten.

# Pfützenplumpsen

*Dieses sehr einfache Spiel lieben die Aborigineskinder besonders. Wichtig ist wetterfeste Kleidung, die ruhig etwas schmutzig werden darf. Bei der Pfützensuche darauf achten, dass der Untergrund weich ist und sich niemand beim Hinfallen verletzen kann.*

**Material:** Pfützen
**Alter:** ab 4 Jahren

Jedes Kind stellt sich vor eine Pfütze, breitet die Arme aus und dreht sich um sich selber. Irgendwann gibt ein Kind ein Signal und alle Kinder bleiben sofort stehen. Viele werden jetzt in die Pfütze plumpsen. Ziel des Spiels ist es jedoch, nicht umzufallen. Wer umfällt, scheidet in dieser Runde aus. Die Kinder, die noch nicht ausgeschieden sind, drehen sich erneut, bis wieder ein Signal kommt. Wer zuletzt übrig bleibt, ohne umgefallen zu sein, darf in der nächsten Runde das Signal zum Anhalten geben.

# Klänge malen

*In den Felsbildern haben die Aborigines die Klänge der Traumzeitwesen gemalt. Musik und Bilder sind für die Aborigines eine Einheit. Kinder können dazu angeregt werden, Klänge und Geräusche bildlich umzusetzen. Es sollen keine Melodien gemalt werden, sondern nur die Geräusche einzelner Instrumente. Wie sieht das Klangbild einer Rassel, eines Schlagholzes oder eines Didgeridoos aus? Ziel soll sein, den Kindern zu vermitteln, Geräusche ganzheitlich wahrzunehmen.*

**Material:** Musikinstrumente wie z.B. Didgeridoo, Klanghölzer oder Schlagstöcke, ein Blatt Papier für jedes Kind, Buntstifte oder Wachsmalkreiden.
**Alter:** ab 5 Jahren (mit Variante)

Die Spielleitung spielt ein Instrument. Die Kinder malen, was sie hören.
Anschließend die Bilder vergleichen.
**Variante:** Die Kinder tanzen, was sie gemalt haben. Ein Kind zeigt ein Bild vom Klang eines Schlagstockes. Ein anderes spielt den Schlagstock. Die restlichen Kinder tanzen, was sie sehen und hören.

# Eine Geschichte malen

**Material:** Papier und Stifte
**Alter:** ab 6 Jahren

Jedes Kind malt eine Geschichte mit den Symbolen der Aborigines. Anschließend versuchen die anderen Kinder die Zeichen zu lesen. Eine solche Bildergeschichte könnte folgendermaßen lauten:
„Du wanderst durch die Wüste. Du folgst den Spuren eines Kängurus. Diese Spuren führen dich an ein Wasserloch. Dort sitzen ein paar Frauen an einem Feuer. Plötzlich fängt es an zu regnen."
**Anregung:** Überlegen, ob auch wir gemalte Zeichen benutzen, um uns Dinge mitzuteilen. Dabei an Verkehrsschilder, Verbotsschilder und Warnschilder denken. Eine Geschichte mit der Sprache unserer Symbole malen.

# Wir machen Farben

*Die vier Farben Rot, Gelb, Schwarz und Weiß werden auch heute noch von den Aborigines sowohl bei Körperbemalungen als auch für Bilder oder Verzierungen benutzt. Die rote Farbe gewannen die Aborigines aus einem Ocker mit hohem Anteil an Eisenoxyd. Gelber Ocker ist eine Art Braunsteineisen und sorgte für die gelbe Farbe. Aus Kaolin, einer weißen Tonart, stellten die Aborigines die weiße Farbe und durch das Vermengen von Kaolin mit Ruß die schwarze Farbe her. Farben wie beispielsweise Lila, Grün oder Blau waren den Aborigines früher völlig unbekannt. Die Farben Rot, Gelb, Schwarz und Weiß lassen sich auch ganz einfach aus anderen Naturmaterialien herstellen. Um Farben selber herzustellen brauchen wir Farbpigmente und ein Bindemittel.*

**Material:** Bindemittel (Magerquark, Eier, Bier, Weizenmehl), Farbpigmente (Kreide = Weiß, Rötel (rote Zeichenkreide) = Rot, Kohle = Schwarz, Kurkuma = Gelb), Mörser und Pistill; weiteres Material siehe bei den verschiedenen Farben
**Alter:** ab 4 Jahren

Als Bindemittel kommen Weizenmehl, Magerquark, Eigelb oder Bier in Frage, je nachdem, ob die Kinder Plaka-, Finger-, Wasser- oder Temperafarben herstellen wollen. Farben aus Quark eignen sich besonders gut als Plakafarben. Aus Eiern werden schöne Temperafarben, die schnell trocknen. Wasserfarben können wir aus Bier herstellen und Mehl ist eine geeignete Grundlage für Fingerfarben.

Kreide, Rötel, Kohle und Kurkumawurzel sind Farbpigmente, die die Kinder im Mörser zu Pulver zerreiben und anschließend dem jeweiligen Bindemittel zugeben können.

## Plakafarbe aus Quark

**Material:** 1 kg Magerquark, 1 Esslöffel Borax, 50 ml Wasser, 1/2 Teelöffel Farbpigmente

Borax in 50 ml heißem Wasser auflösen und unter 1 kg Magerquark rühren. Ungefähr 20 Minuten ruhen lassen. Pigmente hinzugeben.

## Temperafarbe aus Eiern

**Material:** 1 Ei, 3 Esslöffel Speiseöl, 3 Esslöffel abgekochtes Wasser, 1/2 Teelöffel Farbpigmente, Schneebesen

Das geschlagene Ei mit dem Öl vermischen. Anschließend Wasser zugeben und mit dem Schneebesen gut durchschlagen. Farbpigmente hinzugeben.

## Fingerfarbe aus Mehl

**Material:** 200 ml Wasser, 1 Esslöffel Weizenmehl, 1/2 Teelöffel Farbpigmente

Das Mehl in das Wasser, das kalt sein sollte, einrühren. Den Brei auf dem Herd erhitzen und aufkochen lassen. Vom Herd nehmen, Farbpigmente unterrühren und abkühlen lassen.

## Wasserfarbe aus Bier

**Material:** 2 Esslöffel Bier, 1/2 Teelöffel Farbpigmente

Farbpigmente in das Bier einrühren und so lange stehen lassen, bis sich der Bierschaum, der beim Rühren entstanden ist, aufgelöst hat.

# Mit Farbe klecksen

*Die ersten Felsbilder, die die Menschen vor vielen tausend Jahren anfertigten, waren zunächst einmal einfache Abdrücke von Pflanzen und Händen oder von Schnüren, die die Menschen gegen die Wand geworfen haben.*

**Material:** Abdeckfolie, Klebestreifen, Tapetenrolle, Jogurtbecher mit selbst gemachter Farbe (am besten Plakafarbe aus Quark und Fingerfarbe aus Mehl)
**Alter:** ab 3 Jahren

Alles gut mit Folie abkleben, was nicht bemalt werden soll.
Die Kinder ziehen sich alte Sachen an, in denen sie sich ruhig bekleckern dürfen.
Tapetenrolle an eine Wand kleben.
Jedes Kind bekommt einen Jogurtbecher, der höchstens zu einem Drittel mit Plakafarbe gefüllt ist. Nun geht es los. Alle Kinder schleudern die Farbe gegen die Wand. Die Kinder beobachten, wie die Farbe die Wand herunterläuft und ihre eigenen Muster bildet. Schnüre oder Blätter können in die Farbe getaucht und gegen die Wand geklatscht werden. Die zufälligen Muster und Abdrücke sollen die Kinder anregen, gemeinsam das Bild mit der Fingerfarbe zu vervollständigen.

# Wo kommen eigentlich die Babys her?

Heute ist Rosie mit ihrer Großmutter im Busch unterwegs. Sie sammeln Brennholz, Samen und andere essbare Pflanzen, denn Rosies Wunsch war es, einmal ganz nach alter Aboriginestradition Bush tucker zu suchen. Rosie hat auch schon ein paar saftige Wurzelknollen und ein paar leckere Buschtomaten gefunden. Besonders schmecken ihr die gelben Pflaumen, die die Großmutter vom Quandong-Baum gepflückt hat. Während ihr die Großmutter erklärt, welche Pflanzen besonders gut sind, kommt Ray, der Mann von Rosies Tante Alex, des Weges. „Hallo Rosie!", ruft er. „Frage doch deine Großmutter, ob ihr später zum Abendessen zu uns rüber kommen wollt!" Rosie macht ein erstauntes Gesicht. Die Großmutter hockt direkt neben ihr und sammelt Zweige und kleine Äste auf. Ray kann sie gar nicht übersehen haben. Für einen Moment findet Rosie es komisch, dass Ray nur mit ihr spricht, obwohl er doch etwas von Großmutter wissen möchte. „Großmutter!", flüstert Rosie, „Ray hat dich etwas gefragt." Die Großmutter schaut nicht auf, sondern bückt sich weiter nach den kleinen Zweigen, die überall auf dem Boden verstreut liegen. Ob sie wohl langsam schwerhörig wird, fragt sich Rosie. Aber dann fällt ihr wieder ein, dass Großmutter ja die Schwiegermutter von Ray ist und dass Schwiegermütter bei den Aborigines niemals direkt angesprochen werden dürfen. Ray kann mit seiner Schwiegermutter nur mit Hilfe einer dritten Person reden, so wie Rosie das jetzt tut. „Großmutter, Ray möchte wissen, ob wir später zu ihnen rüberkommen!", fragt sie. Rosie weiß inzwischen genau, dass auch Großmutter gut verstanden hat, was Ray soeben zu Rosie gesagt hat. „Sag Ray, dass wir gerne kommen!", wendet sich nun die Großmutter an Rosie und Rosie antwortet Ray: „Die Großmutter meint, wir können nachher rüberkommen!" Somit ist das Problem gelöst. Rosie überlegt, wie schwierig es gewesen wäre, wenn sie nun nicht zufällig dabei gewesen wäre; dann hätten Großmutter und Ray sich nicht verständigen können. „Irgendwann wäre schon jemand anderes gekommen", meint die Großmutter zuversichtlich, als Ray gegangen ist und dann erzählt sie Rosie, dass es eigentlich nicht so schwer ist, mit diesem Sprechverbot zu leben, „aber jetzt müssen wir nach Hause gehen, damit wir rechtzeitig zum Essen zurück sind!"

Großmutter und Rosie sammeln die restlichen Zweige auf und verstauen sie in ihren Beuteln. Dann machen sie sich auf den Weg. Das Dorf ist noch ein Stück entfernt und sie haben noch eine kleine Wanderung vor sich. Rosie schwitzt, denn heute ist es wieder einmal viel zu heiß. Auf ihrer Haut klebt der rote Sand und sie hat großen Durst. Etwas zu trinken wäre jetzt toll, denkt sie. Nachdem sie eine Weile über den trockenen Sand gelaufen sind, entdecken die beiden plötzlich einige Wasserstellen. Rosie möchte sofort hinüberlaufen und hineinspringen, doch da flüstert die Großmutter: "Siehst du die Wasserstellen dort drüben, Rosie? Da werden die Babys geschaffen!" „Aber Großmutter, weißt du denn nicht, dass die Babys aus dem Bauch der Frauen kommen?", ruft Rosie entsetzt. Und schon hat sie ihren Durst für eine Weile vergessen. Rosie kann nicht glauben, dass ihre Großmutter nicht darüber Bescheid weiß, woher die Babys kommen. Ob sie wohl auch nicht weiß, dass ein Baby aus dem Samen seines Vaters und der Eizelle seiner Mutter gemacht wird und dann neun Monate im Bauch der Mutter wächst, bis es geboren wird? „Aber, Rosie", lacht die Großmutter, „natürlich weiß ich, dass die Kinder im Bauch der Frauen wachsen. Immerhin habe ich ein paar Kinder zur Welt gebracht. Du kannst mir glauben, dass ich das weiß." Das stimmt natürlich, überlegt Rosie, die Großmutter muss es eigentlich wissen. „Aber wieso sollen die Babys dann aus dem Wasser kommen?", möchte Rosie jetzt wissen. Ob die Großmutter nur einen Scherz gemacht hat?

Bevor Rosie weiter darüber nachdenken kann, erklärt die Großmutter: „Rosie, der Körper eines kleinen Babys muss natürlich im Bauch seiner Mutter entstehen. Aber damit es auch ein Mensch werden kann, muss erst ein Geistkind aus dem Wasser kommen und in den Körper des Babys eindringen.

Dann kann es im Bauch der Mutter weiterwachsen. So wird das Baby ein Mensch, der geboren werden kann."

Rosie ist ein wenig verwirrt von dem, was die Großmutter alles erzählt. Was ist bloß der Unterschied zwischen einem Baby und einem Geistkind? Die Großmutter sieht Rosies fragendes Gesicht und erzählt: „Das Geistkind ist die Seele des Babys. Wir glauben, dass der Mensch aus einer Seele und einem Körper besteht. Der Körper jedes Menschen wird von seinen Eltern gemacht. Die Seele, das Geistkind, wird aber von den Wondjinas im Wasser geschaffen. Es wohnt in einer Wasserstelle oder in einem Felsen oder in einem anderen Ort mit besonderer Kraft, bis es ein Elternpaar gefunden hat, als dessen Kind es geboren werden möchte." Rosie hat verstanden. „Das Geistkind sucht sich also seine Eltern selber aus?", überlegt Rosie laut, „dann haben wir uns ja alle unsere Eltern selber ausgesucht!" Rosie gefällt diese Idee. „Ja, manchmal wird das Kind auch von den Eltern gefunden", sagt die Großmutter, „aber bevor dies geschieht, muss der Vater von dem zukünftigen Kind geträumt haben. Das ist ganz wichtig. Er muss auf seine Träume achten und auf die Dinge, die er im Traum sieht. Dann wird er nämlich erfahren, aus welchem Ort das Geistkind kommt." Rosie hat in den letzten Wochen viel von ihren Großeltern über die Aborigineskultur erfahren. Sie weiß, warum es wichtig ist, zu wissen, wo man herkommt. „Die Eltern müssen ja wissen, welches Dreaming das Kind hat. So können sie ja auch entscheiden, welchen Namen das Kind bekommen soll", sagt Rosie stolz.

Aber Rosie möchte noch wissen, wie die Geistkinder aussehen. „Kann man sie überhaupt sehen?", fragt sie ihre Großmutter. Die Großmutter antwortet: „Die Geistkinder können auch Gestalt annehmen. Wenn sie aus dem Fluss kommen, dann erscheinen sie als Fisch. Wenn sie aus dem Gebiet des wilden Honigs kommen, dann sehen wir sie als Honigvogel. Oder sie kommen als Kakadu, wie dein Vater es tat." Das findet Rosie ziemlich spannend. Wie war das wohl damals, als Großmutter meinen Vater erwartet hat, überlegt sie. „Wie war das eigentlich bei dir und Großvater, als mein Vater in deinem Bauch war?", fragt Rosie. „Eines Morgens wachte Großvater auf und sagte mir, dass er einen Traum gehabt habe," erzählt die Großmutter. „Er sagte mir, er habe im Traum gesehen, wie sich ein Kakadu in ein Kind verwandelt habe! Am Abend zuvor haben dein Großvater und ich einen großen Schwarm bunter Kakadus beobachtet, wie sie sich in einen Baum gesetzt haben und versucht haben mit ihren Schnäbeln die Rinde auszuhöhlen, um in den hohlen Stamm hineinzukommen. Die Kakadus haben uns beobachtet und einer von ihnen war ein Geistkind, das in mich eingedrungen ist. Das war dein Vater. An dem Morgen, als mir dein Großvater sagte, er habe von dem Kakadu geträumt, war mir übel und schlecht und da wusste ich, dass ich deinen Vater bekommen würde." Die Zeit ist durch die Geschichten der Großmutter wie im Flug vergangen. Rosie hat gar nicht gemerkt, dass sie schon längst im Dorf angekommen sind.

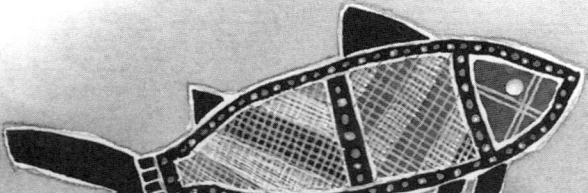

# Das eigene Geistkind malen

*Wir alle haben uns Gedanken darüber gemacht, wo wir herkommen. Die Kinder erkundigen sich bei ihren Eltern. Vielleicht kann sich die Mutter an etwas Besonderes erinnern, als sie gemerkt hat, dass sie schwanger war. Vielleicht erinnern sich auch Adoptiveltern an die besonderen Umstände, wie sie ihr Kind bekommen haben, und Stiefeltern haben mit Sicherheit eine Erinnerung daran, wie das war, als sie mit dem Kind zusammentrafen. Das Thema sollte mit den Kindern sehr behutsam angegangen werden, denn mit Sicherheit ist nicht jedes Kind unbedingt ein Wunschkind gewesen. Trotzdem ist es für uns alle wichtig, die Umstände zu kennen, unter denen wir entstanden und auf die Welt gekommen sind.*

**Material:** Papier und bunte Stifte
**Alter:** ab 5 Jahren

Nachdem die Kinder die Geschichte von Rosie und dem Geistkind gehört haben, malt jedes Kind sein eigenes Geistkind. Den Kindern genügend Zeit lassen, vorher ihre Eltern über die Umstände ihrer Geburt zu befragen. Nachdem die Kinder das Bild gemalt haben, die Bilder nebeneinander aufhängen und die Kinder die Geschichte ihrer Geistkinder erzählen lassen.

# Der Honigameisentraum – Geschichten gegen das Vergessen

Im Nordterritorium, nicht weit von der Simpson Wüste entfernt, liegt die Stadt Alice Springs. Auch die Traumpfade der mythischen Traumzeitwesen führten einst hierher. Machen wir uns gemeinsam mit ihnen auf den Weg...

Die mythischen Yiperenye-Raupen und der Dingo-Ahne kamen diesen Pfad entlang. Der Dingo-Ahne reiste jedoch westwärts weiter zum Lake Eyre, dem größten Trockensee Australiens. Der Lake Eyre war vermutlich nur zweimal seit Menschengedenken mit Wasser gefüllt. In der Wüste traf der Dingo-Ahne die hübschen Teppischschlangen. Die Teppischschlangen sind nicht ganz so schlank und gelenkig wie die anderen Schlangen. Ihre Körper gleichen eher kleinen Knüppeln. Aber sie tragen ein hübsches Muster auf ihren Körpern. Die Teppischschlangen hatten hier in der Wüste ihr Nachtlager aufgeschlagen, doch dann zogen sie weiter in Richtung Süden. Ihr Weg führte am Iwirla-Wasserloch vorbei zum Imke River. Und dann reisten sie wieder in Richtung Norden und wieder westwärts. Als sich die Teppischschlangen auf der Erde umherwälzten, bildeten ihre Körper die Ufer eines Sees. Einmal während ihrer Wanderung streckten sie ihre Köpfe hoch. An dieser Stelle sind heute zwei Hügel zu sehen, die wirklich so aussehen, als ob sie die Köpfe zweier Schlangen wären.

Die Route der Teppischschlangen führte nach Alice Springs. Und hier angekommen verwandelten sich die hübschen Teppischschlangen in giftige Liru-Schlangen. Kleine trockene Salzseen markieren ihren Weg. An einem dieser Seen gibt es einen kleinen Berg namens *Central Mount Wedge*. In der Traumzeit stieg eines der mythischen Traumzeitwesen auf diesen Berg und alles, was es sah, bekam einen Namen und eine Bedeutung. So erzählen es die Aborigines, die hier leben.

Wenn man heute auf dem Berg steht, kann man von hier aus den so genannten Warunpi-Honigameisenhügel sehen. Der Warunpi-Honigameisenhügel sieht aus wie eine riesige Honigameise. Die Honigameise ist ein besonderes Tier, denn sie trägt in kleinen Beuteln Wüstenhonig mit sich. In der Wüste, wo nicht allzu viel wächst, ist das natürlich etwas ganz köstliches.

Hier, wo das Honigameisenwesen gewirkt hat, ungefähr 250 km nordwestlich der Stadt Alice Springs, liegt Papunya, eine kleine Aboriginessiedlung. Diese Siedlung war im Jahre 1960 von weißen Australiern mit dem Ziel gegründet worden, Aborigines in ihrem Lebensstil den weißen Aus-

traliern anzugleichen. In dieser Siedlung lebten Angehörige der Aboriginesvölker Pintupi, Arrernte, Warlpiri und Anmatyerre. Die Gemeinsamkeit dieser Aborigines bestand in der gemeinsamen Verbindung zum Honigameisendreaming. Die Aborigines, die in den 60er Jahren in Papunya lebten, konnten ihr Leben wenig selbstbestimmt und wenig traditionell leben, da sie sich in Abhängigkeit von den weißen Australiern befanden. Sie arbeiteten bei den Weißen als Viehtreiber, Gärtner oder Hausangestellte.

Ihre Traditionen gerieten dabei immer mehr in Vergessenheit. Eines Tages im Jahre 1971 nach unserer Zeitrechnung kam ein Kunstlehrer namens Geoffrey Bardon nach Papunya. Geoffrey Bardon sollte in der Schule unterrichten. Er war zwar kein Aboriginal, aber er fand, dass die Aborigines wieder Zugang zu einem Teil ihrer alten Traditionen bekommen sollten. Geoffrey Bardon hatte die Idee, dass die Kinder ihre Schulwände mit traditionellen Aboriginesmotiven bemalen könnten.

So einfach war sein Vorschlag aber nicht umzusetzen, denn diese Idee warf für die Kinder einige Probleme auf.

"HONIGAMEISEN-DREAMING"
WANDBILD AM SCHULHAUS VON PAPUNYA

Zum einen kennen die Kinder der Aborigines nicht alle traditionellen Zeichen und zum anderen ist es ihnen auch nicht erlaubt sie zu benutzen, bevor sie nicht durch die Initiationen gegangen sind. Die Kinder waren einfach zu jung für dieses Projekt. Trotzdem wurde das Projekt ein großer Erfolg für Papunya mit weit reichenden Konsequenzen. Eine Gruppe älterer Männer übernahm die Bemalung der Schulwände anstelle der Kinder.

Das erste Bild wurde ein Bild vom Honigameisentraum. Auf diese Weise entdeckten die Bewohner der Siedlung einen Teil ihrer Traditionen wieder, nämlich die Malerei. Bald darauf hatten sie das ganze Schulgebäude bemalt.

Das öffentliche Malen geheimer Zeichen löste in Papunya und auch in anderen Siedlungen heftige Diskussionen aus. Nicht alle Aborigines waren damit einverstanden, dass einige Aborigines traditionelle geheime Motive öffentlich zur Schau stellten. Aber hierfür fanden die Männer eine Lösung. Sie veränderten die Bilder für die Öffentlichkeit ein wenig, aus Kreisen machten sie beispielsweise Halbkreise.

Nachdem das Schulprojekt abgeschlossen war, suchten die Bewohner Papunyas nach weiteren Möglichkeiten, sich der traditionellen Malerei zuzuwenden. Mit der Hilfe von Geoffrey Bardon begannen sie mit Acrylfarbe auf Leinwänden zu malen. Bei uns benutzen die meisten Künstler eine Staffelei. Da die Aborigines aber daran gewöhnt waren, Sandbilder auf der Erde zu gestalten oder auch Rinden auf dem Boden zu bemalen, legten sie auch die Leinwände zum Bemalen flach auf den Boden. Mit den Acrylfarben kamen neue Farben in die Kunst der Aborigines. Die große Palette der Acrylfarben ermöglichte ihnen, ihre Bilder in noch leuchtenderen Farben zu malen. Viele Aborigineskünstler bevorzugen aber auch heute noch nach wie vor ihre traditionellen Farben: Rot, Gelb, Schwarz und Weiß.

Ihre Bilder verkauften die Künstler von Papunya in der nahe gelegenen Stadt Alice Springs.

Dass die Bewohner Papunyas ein enormes künstlerisches Potential besaßen, sprach sich schnell in Galerien und Museen herum. Die Acrylbilder der Aborigines wurden zum begehrten Objekt. Auf diese Weise konnten die Bewohner Papunyas mit ihren Bildern einen Teil ihrer Unabhängigkeit zurückgewinnen. Sie konnten aus der Siedlung in abgelegenere Orte, in so genannte Outstations ziehen. Das waren Orte, an denen sie sich mit dem Land verbundener fühlten und an denen sie ihr traditionelles Leben weiterführen konnten.

Dies sprach sich auch in anderen Siedlungen herum. Viele Aborigines machten es den Bewohnern Papunyas nach und entdeckten die Malerei wieder. Obwohl die Malerei der Aborigines Jahrtausende alt ist, fand sie erst in den letzten 10 bis 20 Jahren öffentliche Anerkennung. Das hatte sehr viel mit der bis dahin unterdrückenden Politik der Kolonialmacht zu tun. Die Behörden der Reservate, aber auch die christlichen Missionare hatten bis dahin lange versucht, die Aborigines an der Ausübung dieser Traditionen zu hindern. Erst mit einer neuen Politik, die auf Selbstbestimmung und Selbstverwaltung basiert, konnten die Aborigines einen neuen Zugang zu eigenen Traditionen finden.

Zur Kunst der Aborigines gehören nicht nur die verschiedenen Arten von Malereien, sondern auch die Gesänge, die Tänze und das Erzählen der Geschichten.

Was aber das Bild vom Honigameisentraum betrifft, so lässt sich nichts Erfreuliches berichten. Die Schulwände von Papunya wurden inzwischen wieder weiß gestrichen.

# Auf Rinde malen

In dem Gebiet von Arnhemland ist eine besondere Art der Aborigineskunst sehr verbreitet, die Rindenmalerei. Dafür schälen die Aborigines Rindenstücke vom Stamm des Eukalyptusbaumes. Das Schälen der Rinde klappt am besten während der Regenzeit, da dann der Saft im Baum aufsteigt und sich die Rinde leicht ablösen lässt. Ein paar Tage lang wird die Rinde getrocknet und geglättet. Anschließend entfernen die Aborigines die Außenschicht, denn sie ist für das Bemalen zu rau. Die Innenseite muss noch glattgerieben werden, damit darauf gemalt werden kann. Auch hier benutzen die Aborigines wie bei den Felsbildern die Farben Rot, Gelb, Schwarz und Weiß. Schwarze Farbe gewinnen die Künstler entweder aus Holzkohle oder aus Manganknollen. Der Ort, von dem der Ocker stammt, besitzt für die Künstler einen rituellen Wert.

Auch die Farben haben eine Bedeutung. Weiß steht oftmals für Trauer. Rot symbolisiert das Blut der Ahnenwesen.

Damit die Malerei auf den Rinden geschützt ist und nicht sofort abblättert, mussten die Aborigines sie fixieren. Heute kann man natürlich ein fertiges Fixiermittel, beispielsweise einen Lack, kaufen. Früher aber fixierten die Aborigines die Rindenmalereien mit Eigelb, Harz oder Wachs.

Der Akt des Bemalens der Rindenstücke ist für die Aborigineskünstler weitaus wichtiger als das spätere Besitzen einer Rindenmalerei. Das Malen ist ein ritueller Prozess, ähnlich wie das Bemalen der Felsbilder, das Singen und das Tanzen. Es gehört zur Bewahrung der Jahrtausende alten Kultur der Aborigines. Wie auch die Felsbilder beinhalten die auf Rinde gemalten geometrischen Muster mehrere Bedeutungsschichten. Eingeweihte sehen in den Mustern etwas anderes als solche Menschen, die nicht in das Geheimnis eingeweiht sein sollen.

**Material:** Baumrinde, Messer, Schwämmchen, Schleifpapier, selbst gemachte Plakafarbe aus Quark (siehe unter „Wir machen Farben" S. 112)
**Alter:** ab 6 Jahren

Baumrinde mit einem Messer von einem gefällten Baum schälen. Bevor die Rinde bearbeitet werden kann, muss sie einige Tage trocknen. Vor dem Bemalen die Innenseite der Rinde mit einem Schwämmchen etwas abwaschen und mit Schleifpapier abschmirgeln. Dann nach Belieben bemalen.

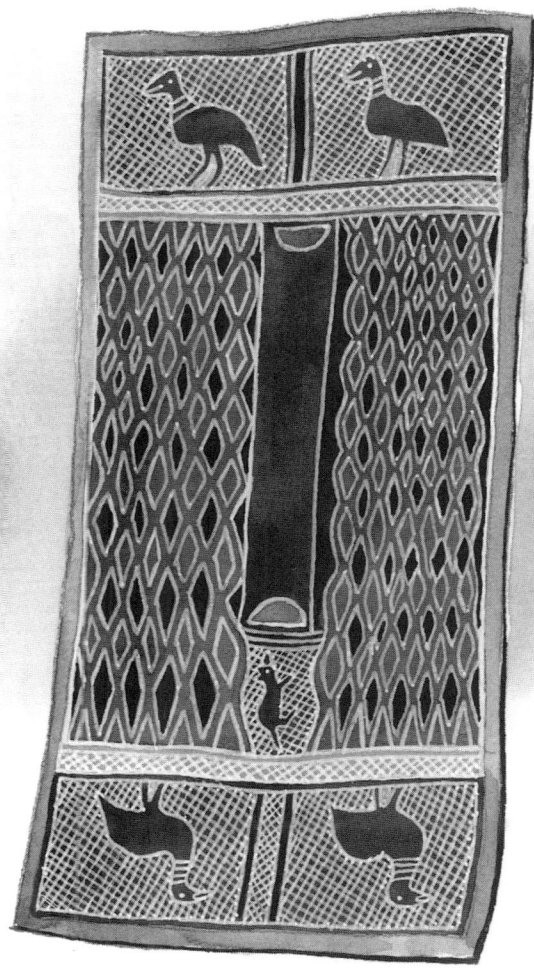

# Pinsel aus Ästen und Zweigen

*Um die Rindenstücke zu bemalen, benutzen die Aborigines Pinsel. Heute nehmen die Aborigines fertige Pinsel, die man wie bei uns in einem Zeichengeschäft kaufen kann. Früher haben die Aborigines die Pinsel selber hergestellt. Meistens benutzten sie Stöcke oder Fasern, deren Enden sie entweder zerkaut haben, bis diese fransig wurden, oder sie haben an den Stöcken Haarbüschel oder auch Vogelfedern befestigt.*

**Material:** Holunderrute, Tierhaare, etwas Leim
**Alter:** ab 6 Jahren (mit Variante)

Die Holunderrute aushöhlen. Das obere Ende an der Seite etwas anritzen und die Rute aufklappen, so dass die Tierhaare (Ziegenhaare vom Bauernhof) hineinpassen. Mit Leim verschließen.

**Variante:** Wer keinen Bauernhof in der Nähe hat, auf dem er Tierhaare bekommen kann, kann kleinere Äste oder Zweige mit einem Hammer auf einem harten Brett solange bearbeiten, bis eines der Enden faserig wird. Fertig ist der Pinsel.

# dots painting

*Ein dot ist ein Punkt. Die Aborigines waren die ersten Künstler, die Bilder malten, in denen sie kleine Punkte dicht nebeneinander setzten. Im 17. Jahrhundert malten die französischen Impressionisten nach dieser Technik und nannten sie Pointillismus, weil das französische Wort für Punkt point ist.*

**Material:** Farbe, Rinde, Pinsel

Die Kinder malen ein Bild in Punkt-Technik.
Den Pinsel in die Farbe tauchen und ihn senkrecht auf die Unterlage aufsetzen, so dass ein Punkt entsteht. Die Punkte sollten nicht größer als Stecknadelköpfe sein. Zuerst die Umrisse malen, zum Beispiel von einer Blume oder einem Tier. Dann das Motiv mit Punkten ausmalen. Die Kinder können verschiedenfarbige Punkte malen. Was geschieht, wenn die Kinder Punkte in unterschiedlichen Farben nebeneinander setzen?

# Wie ein Knoten im Taschentuch – die Toas

Wer glaubt, dass es in den einsamsten Gegenden im Inneren von Australien keine Wegweiser, Ortsnamen oder Straßenschilder gibt, der irrt sich gewaltig. Kleine Gegenstände, meistens aus Holz geschnitzt und bunt bemalt, helfen den Aborigines im nördlichen Westen von Australien den Weg zu einem bestimmten Ort zu finden. Die Aborigines nennen diese kleinen Wegweiser *Toas*. Die Toas sind so etwas ähnliches wie für uns der Knoten im Taschentuch, nämlich eine Gedächtnisstütze. Die Toas erinnern die Aborigines an die Traumzeitwesen des jeweiligen Ortes und an ihre Geschichten.

Die kleinen Erinnerungspfähle sind zwischen 20 und 50 cm lang und meistens in den vier Aboriginesfarben Rot, Weiß, Schwarz oder Gelb bemalt. Manchmal sind die Toas auch mit Federn, Haaren oder Muscheln geschmückt. Anhand der Farben können die Aborigines ablesen, wo sich andere Aboriginesgemeinschaften aufhalten und wie die Landschaft dort aussieht. Der Schmuck symbolisiert den Ortsnamen und nennt das jeweilige Traumzeitwesen.

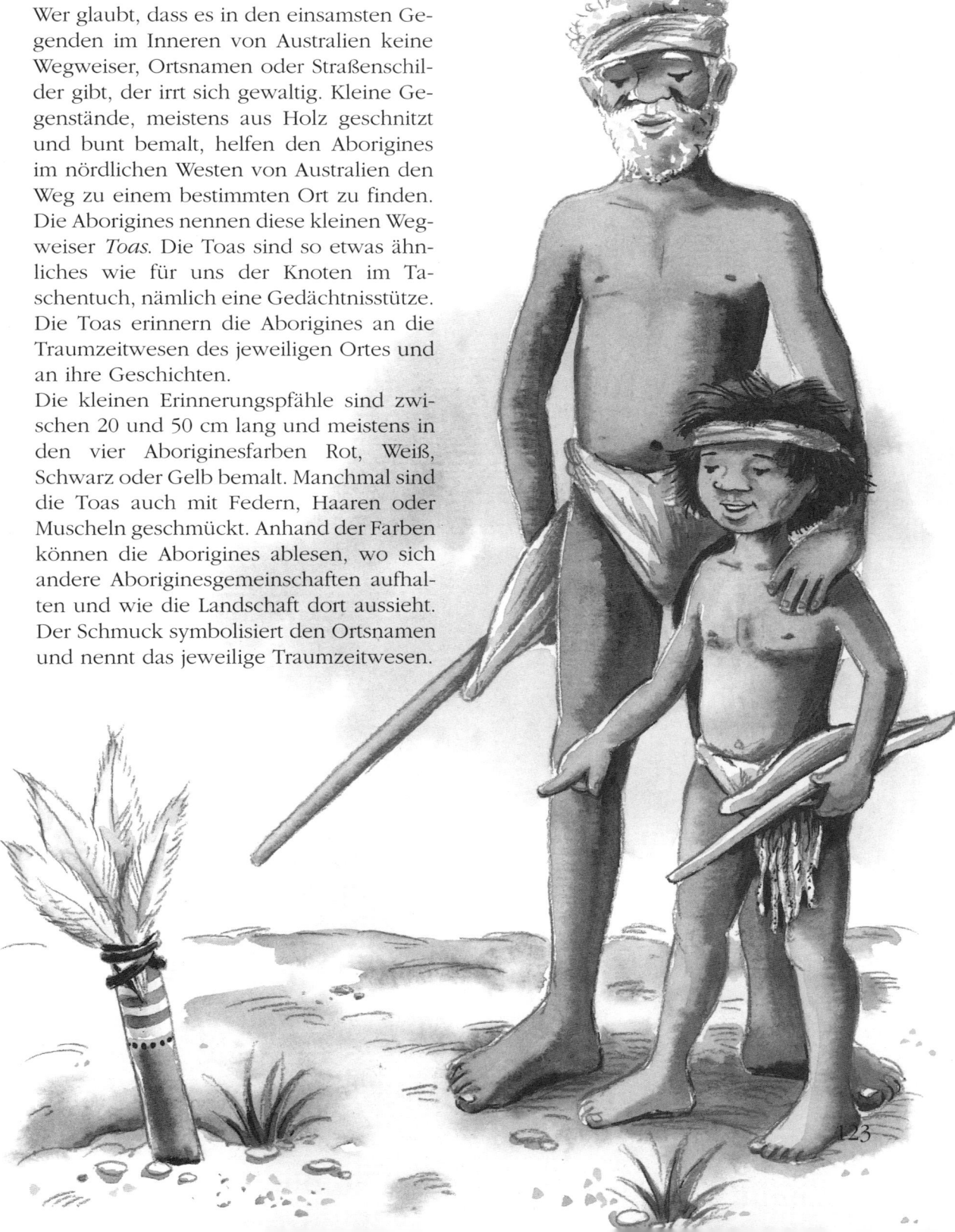

125

# Sich einen Erinnerungsort schaffen

**Material:** abhängig von der Erinnerung
**Alter:** ab 5 Jahren

Die Kinder anregen, sich einen kleinen Erinnerungsort zu bauen.

Wer sich an einen schönen Spaziergang erinnern möchte, sammelt ein paar Steine und Pflanzen, trocknet die Pflanzen und legt sie mit den Steinen zusammen an einen bestimmten für ihn wichtigen Ort, zum Beispiel auf eine Fensterbank, auf den Nachttisch oder auf eine Kommode. Immer, wenn das Kind seinen Erinnerungsort anschaut, wird es an den Spaziergang denken.

Wer einen Ausflug in eine Stadt gemacht hat, sammelt Eintrittskarten von Museen, Papierservietten aus einem Café, Ansichtskarten oder U-Bahnkarten und hebt sie an einem Erinnerungsort auf.

# Tyerabarrbowarryadu — ich werde nie ein Weißer werden

*Tyerabarrbowarryadu* heißt *ich werde nie ein Weißer werden.* Durch die Wiederentdeckung der Malerei zu einer Zeit, in der die bis dahin herrschende Angleichungspolitik Australiens langsam aufgehoben wurde, gelang es vielen Aborigines einen Weg aus der Abhängigkeit hin zu mehr Selbstbestimmung und Selbstbewusstsein zu finden.

Die australischen Andenkenläden und Galerien waren schnell voll von Acrylbildern und Rindenmalereien, die Aborigines hergestellt hatten. Da es offensichtlich leicht war, mit traditioneller Kunst eine schnelle Mark zu machen, entwendeten viele Weiße den Aborigines die traditionellen Motive und druckten sie ohne ihr Wissen und ihre Zustimmung auf T-Shirts, Geschirrtücher oder Stoffe.

Die Empörung der Aborigines darüber ist nur allzu verständlich. Wieder einmal hatten die Weißen sie bestohlen. Die Muster und Motive gehören den jeweiligen Aborigines. Und ihnen alleine gehört das Copyright. Schließlich sind diese Muster und Motive ein Teil ihres Dreaming.

Für die weißen Australier und die Touristen waren die Bilder der Aborigines ein hübsch anzusehendes Kunstobjekt oder ein nettes Andenken. Aber die Kunst der Aborigines ist nicht nur etwas, was schön anzusehen ist. Die Bilder der Aborigines, egal ob es Felsbilder, Rindenmalerei, Körperbemalung oder moderne Bilder auf Leinwänden sind, berichten von den Gesetzen der Menschen und der Natur, von den Vorfahren und einer Jahrtausende alten Kultur, die unter extremen Bedingungen überlebt hat. Sie weisen den Menschen den Weg durch die Wüste und den Dschungel, durch die Zeit des Regens und die Zeit der Trockenheit. Die Bilder erzählen, wie auch die Lieder und Geschichten, das Leben der Aborigines.

# Lach in die Sonne

M.: Pit Budde ● 25
T.: Fred Ape, Pit Budde

Lach in die Son - ne, greif nach den Ster - nen. Ges - tern ist schon ei - ne

E - wig - keit her. Sing mit den Wol - ken, tanz durch den Re - gen. Wo -

hin du auch gehn willst, ich bin da - bei. Wo - hin du auch gehn willst,

ich bin da - bei. Ich zeig dir die Stadt, die man Blu - me nennt. Mit den

glück - lichs - ten Kin - dern der Welt. Sie la - chen und tan - zen und

sin - gen mit dir. Mach mit, so wie's dir ge - fällt. Im

Land, wo die Fel - sen wie Rie - sen sind, brennt un - ser Feu - er vor'm Zelt.

Dort, wo die Ad - ler im A - bend - licht krei - sen, zählt we - der Zeit noch

Geld. Und träum un - ter Bäu - men den schöns - ten der Träu - me, doch

tau - send mal schö - ner bist du.

Lach in die Sonne, greif nach den Sternen
Gestern ist schon eine Ewigkeit her
Sing mit den Wolken, tanz durch den Regen
Wohin du auch gehen willst, ich bin dabei
Wohin du auch gehen willst, ich bin dabei

Ich zeig dir die Stadt, die man Blume nennt
Mit den glücklichsten Kindern der Welt
Sie lachen und tanzen und singen mit dir
Mach mit, so wie's dir gefällt

Im Land wo die Felsen wie Riesen sind
Brennt unser Feuer vor'm Zelt
Dort, wo die Adler im Abendlicht kreisen
Zählt weder Zeit noch Geld

Träum unter Bäumen
Den schönsten der Träume
Doch tausend mal schöner bist du

Lach in die Sonne, greif nach den Sternen
Gestern ist schon eine Ewigkeit her
Sing mit den Wolken, tanz durch den Regen
Wohin du auch gehen willst, ich bin dabei
Wohin du auch gehen willst, ich bin dabei

Ich zeig dir das Land wo man Farben mischt
Mit den fröhlichsten Kindern der Welt
Sie träumen gemeinsam im Mondenschein
Träum mit, so wie's dir gefällt

Am Fluss, wo das Wasser die Wunden heilt
Brennt unser Feuer vor'm Zelt
Dort, wo Kraniche im Abendlicht tanzen
Gibt's weder Zeit noch Geld

Träum unter Bäumen
Den schönsten der Träume
Doch tausend mal schöner bist du

127

# Rosie besucht Jim und Mary

**R**osie begleitet heute ihren Großvater zur nächsten Farm. Dort gibt es einen kleinen Laden, in dem man Limonade, Fleisch und T-Shirts kaufen kann. Der Großvater will dort einige seiner Bilder verkaufen und außerdem braucht er ein paar neue Acrylfarben für seine Malerei. Das kann er auch in dem kleinen Laden auf der Farm bekommen.

Rosie und der Großvater nehmen den Bus, der einige Stunden über die staubigen, holprigen Straßen durch den australischen Busch fährt. Rosie denkt daran, wie schnell sie in Sydney mit dem Bus von einem Ort zum anderen kommt. Hier jedoch bedeutet ein Besuch in der Nachbarsiedlung eine vierstündige Busfahrt. Rosie weiß, dass das für die Menschen, die im Outback leben, ein Katzensprung ist. Während der langen Fahrt schaut sie verträumt aus dem Fenster. Sie beobachtet die vorüberfliegenden Vögel und muss daran denken, wie die Großmutter ihr die Geschichte von ihrem Vater erzählt hat, der als Geistkind in der Gestalt des Kakadus erschienen ist. Rosie malt sich das laute Schreien der Kakadus aus, wie sie sich in einem großen Schwarm auf einem Baum niederlassen. Kreeee, Krrrrr, Krrrrr, Kreeeee!

Aboriginalflagge

Als der Bus an einigen Eukalyptusbäumen vorbeifährt, erinnert sich Rosie wie sie sich mit der Großmutter über die Geheimnisse der Traumgeschichten unterhalten hat. Dass die Geschichten, genau wie ein Baum, eine Außenseite haben und eine geheime Innenseite. Die Geheimnisse wird Rosie erst erfahren, wenn sie alt ist. Vielleicht so alt wie der Großvater. Sie schaut herüber zu ihrem Großvater, aber der scheint neben ihr eingenickt zu sein. Langsam fallen auch Rosie die Augen zu. Sie schläft durch das Hin- und Herschaukeln des Busses ein bisschen ein. In ihren Träumen ist sie bei den Kakadus und bei Djarrewarre, dem wilden Honigwesen.

Nach einigen Stunden haben sie die kleine Farm erreicht. Als Rosie mit ihrem Großvater und noch einigen anderen Menschen, die auch aus der kleinen Siedlung kommen, den Bus verlässt hört sie schon das Begrüßungsbellen der Hunde. Zwei Kinder kommen angelaufen. Das sind Jim und Mary, die hier wohnen. Sie freuen sich immer über Besuch hier an diesem abgelegenen Ort. Rosie kennt sie schon von früheren Besuchen, denn sie hat ihren Großvater schon einige Male hierher begleitet. „Hallo Rosie!", rufen die beiden erfreut. Sie sind wirklich froh, dass mal ein anderes Kind bei ihnen vorbeischaut. Zusammen mit Rosie laufen sie zum alten Schuppen hinter dem Haus, in dem der kleine Laden ihrer Mutter ist. Der Großvater und die anderen Leute gehen ihnen hinterher.

„Willst du eine Limonade trinken?", fragt Mary und ohne Rosies Antwort abzuwarten läuft sie zum Kühlregal und holt drei Flaschen mit köstlicher kalter Limonade heraus. Nachdem Rosie genüsslich einen großen Schluck genommen hat, fragt Jim: „Rosie, was trinken die Aborigines eigentlich, wenn sie durch die Wüste wandern?" Rosie antwortet: „Kalte Limonade gibt es in der Wüste nicht. Und mit dem Wasser muss auch sehr sparsam umgegangen werden. Meistens wird das Wasser in Beuteln mitgenommen, die man aus Tierblasen gemacht hat. Kommt man an einer Wasserstelle vorbei, werden die Beutel immer aufgefüllt. Und was ganz gut schmeckt ist Steintee". „Steintee?", fragt Mary ungläubig. „Ja", meint Rosie, „das ist kein Tee aus geriebenen Steinen, sondern man macht das Wasser heiß, indem man heiße Steine hineinwirft. Dann tut man noch einige Kräuter in das Wasser. So bekommt man einen leckeren Tee, ohne dass man einen Herd oder ein Feuer braucht." Jim fragt erstaunt: „Aber womit macht man denn die Steine heiß?" Mary und Rosie lachen: „Die sind doch schon heiß, wenn sie den ganzen Tag in der Sonne liegen!" Das leuchtet Jim ein.

Immer mehr Leute strömen in den Laden. In dem kleinen Schuppen ist es jetzt richtig eng geworden. Rosies Großvater packt ein paar Bilder aus, die er für die Busfahrt in große Tücher geschlungen hatte, und zeigt sie den Ladenbesitzern. Ein Bild mögen Jim und Mary besonders, weil ihnen die Farben so gut gefallen. Über die Muster wissen sie aber nicht sehr viel. „Was ist das denn auf diesem Bild?", möchten sie wissen. „Das ist die Flagge der Aborigines", erklärt Rosie. In der Mitte des Bildes ist ein großer gelber Kreis zu sehen. „Seht ihr, das ist die gelbe Sonne Australiens", sagt Rosie und zeigt mit ihrem Finger auf den gelben Kreis. Die untere Hälfte des Bildes ist rot. „Das ist das Blut der Aborigines, das in den Auseinandersetzungen mit den Weißen vergossen wurde", erklärt sie ihren beiden Freunden. „Und warum ist die obere Hälfte schwarz?", möchte Mary wissen. „Schwarz ist unsere Hautfarbe. Damit sind wir, die Aborigines, gemeint. Und die kleinen Balken neben der Sonne, die aussehen wie ein U, das sollen sitzende Menschen mit ihren Speeren sein", antwortet Rosie. Jim überlegt: „Die Flagge ist ja in Rot, Schwarz, Gelb und Weiß, also in den typischen Aboriginesfarben gemalt. Was bedeutet sie eigentlich?" Rosie muss nicht lange nachdenken. „Die Flagge der Aborigines soll zeigen, dass alle Aborigines miteinander verwandt sind und dass sie so leben wollen, wie sie es möchten. Sie wollen nämlich nach ihren eigenen Traditionen leben und nicht so wie die Weißen."

Da hat Mary plötzlich noch etwas in dem Bild entdeckt. „Schaut mal, da sind kleine weiße Raupen gemalt!" Sie zeigt auf die äußeren Ecken in dem Bild. „Was kann das wohl bedeuten?", fragt Jim. „Das weiß ich auch nicht", sagt Rosie, „das ist Großvaters Geheimnis. Eines Tages, wenn ich alt bin, werde ich es vielleicht wissen." Da ist sich Rosie ziemlich sicher. Inzwischen hat der Großvater ein paar Bilder verkauft und ein paar neue Acrylfarben erstanden. Rosie, Mary und Jim spielen noch ein wenig im Schatten der Farm, dann muss sich Rosie schon wieder auf den Weg machen, denn sie hat noch einen weiten Weg vor sich.

# Anhang

## Projektvorschläge

Mit diesem Buch kann sowohl im Kindergarten als auch in der Grundschule themenspezifisch gearbeitet werden. Themen dieses Buches wie z.B. Musik, Tanz, Kochen, Pflanzen und Tiere, Religion und Meditation, Geschichte der Europäer oder Fremd- und Eigenwahrnehmung sowie interkulturelles Spielen sind auch einzeln für die pädagogische Arbeit mit Kindern geeignet. Spiele und Rezepte können ebenso ein Kinderfest spannend machen.

## Musikalische Früherziehung

In der musikalischen Früherziehung können neben den Liedern folgende Anregungen übernommen werden:
*Ein Schwirrholz bauen*
*Mein Körper macht Musik*
*Töne tanzen*
*Musikinstrumente bauen* (Klanghölzer, Schlagstöcke, Didgeridoo, Rasseln)
*Aboriginesorchester*
*Ein Klangteppich aus Wörtern*
*Tänze* (Kängurutanz, Bienentanz, Fischtanz, Tanz mit einem Pfahl)
*Wie klingt der Regen?*
*Klänge malen*

## Thema: Pflanzen

Wer mit Kindern Pflanzen erforschen möchte, kann sich an diesen Vorschlägen orientieren:
*Bush tucker*
*Busch-Tee*
*Chutney aus Buschtomaten*
*Damper*
*Dilly bags*
*Öl gegen Blutergüsse*
*Schnupfenöl*
Spiele und Basteleien aus Pflanzen (z. B. *Das praktische Wohnzelt, Ball aus Gras, Halsschmuck, Gürtel*)

## Thema: Religion und Meditation

Für die Themen Religion und Meditation eignen sich die folgenden Anregungen gerade deshalb, weil sie keine religiösen Dogmen vorgeben, sondern die Kinder lediglich für religiöse Aspekte des Lebens sensibilisieren:
*Der kleine Geist in meinem Körper*
*Die Traumzeitwesen wandern übers Land*
*Heilige Orte*
*Kindercorroboree*
*Sich einen Erinnerungsort schaffen*
*Sprich nicht mit mir!*
*Was ich letzte Nacht geträumt habe*
*Sein eigenes Geistkind malen*

# Thema: Kunst

Vorschläge für Kunstprojekte:
*Auf Rinde malen*
*dots painting*
*Eine Geschichte malen*
*Klänge malen*
*Kohlestifte herstellen*
*Körperbemalung*
*Mit Farbe klecksen*
*Pinsel aus Ästen und Zweigen*
*Wir machen Farben*

# Kindergeburtstag:

**Vorbereitung:** Sonnenschirmtiere basteln, Herstellung von *Pawlowa* und *Sonnenaufgangstee, Chutney aus Buschtomaten, Osterbilby aus Fruchtgummi.*

Die Geburtstagsgäste bekommen ein Sonnenschirmtier. Es gibt Pawlowa, ein Fruchtgummibilby und Tee. Anschließend werden gemeinsam Farben hergestellt *(Wir machen Farben)* und an einem vorbereiteten Ort können die Kinder mit den Farben experimentieren.
Spiele aus diesem Buch, die kein besonderes Material benötigen, wie z. B. *Busch-Memory, Geh rückwärts oder komm zu mir!* und *Kängurufangen,* können gespielt werden.
Zum Abendessen wird gemeinsam *Damper* und *Buschtomatenchutney* gekocht.
*Bienentanz* und *Kängurutanz* runden das Fest ab.

# Australienprojekttage

Das Thema Australien eignet sich auch, um dazu einige Projekttage zu veranstalten.
Jeder Tag kann sich mit einem speziellen Bereich befassen: Musik der Aborigines, Aborigineskunst, Kochen wie die Aborigines, Aboriginesspiele und Bastelaktionen (*Bumerang, Grasball, Busch-Memory* u. Ä.). Bewegungsspiele für zwischendurch und Zeiten der Meditation sollten sich abwechseln. Höhepunkt der Projekttage kann ein großes *Kindercorroboree* mit einer Tauschbörse und gemeinsamer Übernachtung in einem Wohnzelt sein, sofern dies die Umstände erlauben.

# Register

# Quellenangaben und Anmerkungen

(1) frei erzählt nach dem modernen australischen Märchen *Burra Nimu – The Easter Bilby*.

(2) frei erzählt nach Gerhard Ilgenstein: Die Steinzeitmenschen von Australien. Die heutigen Aborigines. R.G. Fischer Verlag, Frankfurt (Main) 1990.

(3) aus: Bernhard Lüthi (Hrsg.): Aratjara. Kunst der ersten Australier. DuMont Buchverlag, Köln 1993, S. 225–226.

(4) Die Mythe über das wilde Honigwesen Djarrewarre wird ausführlich wiedergegeben in: Ad Borsboom: Mythen und Spiritualität der Aborigines. Eugen Diedrichs Verlag, München 1998.

(5) frei erzählt nach Anneliese Löffler (Hrsg.): Märchen aus Australien. Dietrichs Verlag, Düsseldorf/Köln 1981.

(6) frei erzählt nach Anneliese Löffler (Hrsg.): Märchen aus Australien. Dietrichs Verlag, Düsseldorf/Köln 1981.

(7) frei erzählt nach Anneliese Löffler (Hrsg.): Märchen aus Australien. Dietrichs Verlag, Düsseldorf/Köln 1981.

# Begriffserklärungen

## Aborigines

Lateinisch = Urbevölkerung. Die nach Australien eingewanderten Europäer nannten die Einheimischen Aborigines oder Australier. Aborigines sind Menschen, deren Vorfahren aus Australien stammen und die sich mit dem australischen Land in besonderer Weise verbunden fühlen. Es gibt viele unterschiedliche Aboriginesvölker.

## Antipoden

Griechisch = Gegenfüßler. Die Europäer glaubten lange Zeit, dass die Menschen, die auf der Südhalbkugel lebten, mit dem Kopf nach unten hängen würden. Heute ist die Bezeichnung Antipoden für Australier und Neuseeländer gebräuchlich.

## Aranda

In Zentralaustralien lebendes Volk der Aborigines.

## Arnhemland

Gebiet im äußeren Norden von Australien.

## Austral

Lateinisch = auf der Südhalbkugel gelegen.

## Bumerang

Ursprünglich bumariny ausgesprochen. Gebogenes Wurfholz, das zur Jagd und zum Spiel benutzt wird. Nicht nur in Australien gebräuchlich.

## Bush tucker

Buschverpflegung. Die Aborigines sammeln ihre Nahrung im Busch. Zu den Köstlichkeiten des Bush tucker gehören Insekten, Knollenfrüchte, Wurzeln, Samen, Echsen und Buschtomaten.

## Continens

Lateinisch = zusammenhängend.

## Corroboree

Tanzfest der Aborigines.

## Didgeridoo

Langes Blasrohr der Aborigines. Didgeridoo ist kein Wort aus einer der Aborigines-Sprachen. Den Namen Didgeridoo haben die Europäer geprägt, die damit den tiefen Klang dieses Instruments beschreiben wollten. Wird mit Rundatmung gespielt und erzeugt tiefe brummige und dröhnende Töne. Meist aus einem Baumstamm hergestellt, der zuvor von Termiten ausgehöhlt wurde. Ursprünglich in Arnhemland verwendet, heute jedoch überall in Australien gebräuchlich.

## Dingo

Dayn-gu ausgesprochen. Der Dingo ist ein wolfsähnlicher Hund, der den Vermutungen nach vor ca. 4000 Jahren aufgrund von Migrationen aus Asien nach Australien gelangt ist.

## Djarrewarre

Wildes Honigwesen. Totemtier der Menschen vom wilden Honig.

## Dreaming

Totemtier eines Aboriginesklans. Alle Geschichten und alle Gesetze des Klans gehören zum Dreaming. Das Dreaming ist das Gerüst eines Klans.

## Gegenseitigkeit

Austausch von Geschenken, um beim anderen in Schuld zu bleiben. Gegenseitigkeit hält Beziehungen zwischen Menschen aufrecht. Wird von Ethnologen auch Reziprozität genannt.

## Geistkind

Die Aborigines glauben, dass erst ein Geistkind in den Körper des Fötus eindringen muss, damit daraus ein Mensch entstehen kann. Dies gehört zum Akt der Zeugung. Geistkinder werden von den Wondjinas geschaffen und warten in Gewässern oder in Felsen auf ein passendes Elternpaar.

## Immigrant

Lateinisches Wort für Einwanderer.

## indigen

Urbevölkerung

## Katatjuta

Bezeichnung der Aborigines für den sakralen Ort Mount Olga. (Katatjuta = viele Köpfe)

## Kimberleys

Gebiet im nördlichen Westen von Australien.

## Klan

Englisch = Abstammungsgruppe.

## Lokalgruppe

Eine aus mehreren Familien bestehende Lebensgemeinschaft der Aborigines.

## Mimis

Kleine schüchterne Geisterwesen, die in Felsen leben.

## Never Never

Englisch = Auf gar keinen Fall. Die Australier nennen die einsamsten Gegenden im Outback Never Never.

## ototeman

Etwas, was mit einem verwandt ist. Kommt aus der Sprache der Alkonkin in Nordamerika. Von diesem Wort stammt die Bezeichnung Totemismus.

## Outback

Englisch = Hinterland. Für die Australier ist das Outback das Landesinnere von Australien.

## Pitjantjatjara

Aboriginesvolk, das in dem Gebiet des Uluru zu Hause ist.

## Rangga

Seelenholz. Es soll die Kraft der Traumzeitwesen symbolisieren. Nur Eingeweihte dürfen ein Rangga sehen.

## Regenbogenschlange

Mythisches Ahnenwesen, dem die größte Macht zugesprochen wird.

## Reservationen

Reservationen oder Reservate sind Gebiete, die die Regierung der Urbevölkerung zugeteilt hat und verwaltet.

## Röntgenstil

Besonderer Stil der Aborigines-Felsmalereien. Bei Tierdarstellungen werden die inneren Organe der Tiere gemalt.

## Rötel

Rote Erdfarbe mit natürlichen Beimengungen von Tonerde. Rötel wird als rote Zeichenkreide benutzt.

## School of the Air

Schule der Luft. Mit einem Flugzeug werden die Hausaufgaben für die Kinder, die im australischen Outback leben, herbeigeflogen. Über Funkgeräte nehmen sie täglich am Unterricht teil.

## Schwirrholz

Ovales Holzstück, das, in kreisende Bewegungen versetzt, einen schwirrenden Ton von sich gibt.

## Stamm

Altmodischer Begriff für Volk, Gruppe oder Gemeinschaft.

## Station

Farm im australischen Outback.

## Terra australis incognita

Lateinisch = das unbekannte Südland.

## Terra nullis

Lateinisch = unbewohntes Land.

## Tjurunga

Sakrales Objekt aus Holz, das die Aborigines bei ihren Zeremonien benutzen. Die Bezeichnung tjurunga kommt aus der Sprache der Aranda und bedeutet soviel wie mein geheimer Name. Ein Tjurunga ist ein geheimer Gegenstand und daher für nur ganz wenige Menschen zugänglich.

## Toas

Kleine hölzerne Wegweiser der Aborigines im Nordwesten von Australien.

## Totemismus

Wenn Wesen, Tiere, Pflanzen oder auch Gegenstände von Menschen verehrt werden, nennt man das Totemismus. Das Wesen oder das Tier ist dann das Totem. Das hat aber nichts mit unserem Wort Tod zu tun, sondern das Wort Totemismus stammt aus der Sprache der Algonkin, die in Nordamerika leben. Die Algonkin benutzen nämlich das Wort ototeman für etwas, was mit einem verwandt ist. Eine Gruppe von Menschen kann gemeinsam ein solches Totem oder auch mehrere Totems verehren, aber auch ein einzelner kann zusätzlich ein nur ihm zugehöriges Totem haben. Totemtiere dürfen weder gegessen noch gejagt werden. Wer ein Totemtier isst, der gilt als Kannibale.

## Traumzeit

Mythische Schöpfungszeit, in der der Erde Form gegeben und die Menschen geschaffen wurden. Die Traumzeit begann in der Vergangenheit und reicht bis in die Gegenwart. Für uns Menschen der westlichen Kultur ein sehr schwer nachvollziehbarer Gedanke, da für uns alles einen Anfang und ein konkretes Ende haben muss.

## Traumzeitwesen

Mythische Wesen, die die Erde und Menschen geschaffen haben. Alle Gesetze der Natur, alle Regeln im Zusammenleben der Menschen und alle Eigenschaften der Lebewesen und Dinge wurden in der Traumzeit von den Traumzeitwesen festgelegt. Die Traumzeitwesen ruhen in Felsen, Steinen, Gewässern und unter der Erde.

## Uluru

Heilger Ort der Aborigines. Größter Monolithfelsen der Welt. Von weißen Australiern Ayers Rock genannt.

## Walkabout

Englisch = Umherwandern. Die Europäer bezeichneten das nomadische Umherziehen der Aborigines als Walkabout. Tatsächlich ziehen die Aborigines jedoch nicht wahllos umher, sondern wandern nur in einem festgelegten Gebiet an bestimmten Markierungen entlang.

## Warlpiri

Aboriginesvolk, das in Nordaustralien zu Hause ist.

## Wondjinas

Ahnengeister, die über das Wasser herrschen und die Geistkinder schaffen.

# Verwendete und weiterführende Literatur

**Ad Borsboom:** Mythen und Spiritualität der Aborigines. Eugen Diedrichs Verlag, München 1998.

**Philip Bethge:** Feldzug gegen Meister Lampe. In: Der Spiegel Nr. 17/24.4.2000.

**Geo Special:** Australien. Nr. 6/Dezember 1993.

**Gerhard Ilgenstein:** Die Steinzeitmenschen von Australien. Die heutigen Aborigines. R.G. Fischer Verlag, Frankfurt (Main) 1990.

**Bernhard Lüthi (Hrsg.):** Aratjara. Kunst der ersten Australier. DuMont Buchverlag, Köln 1993.

**Städtische Museen Freiburg:** Die Kultur der Traumzeit. Tradition und Gegenwart der Aborigines Australiens. Ausstellungskatalog, Freiburg 1991.

**B. Wongar:** Spuren der Traumzeit. Geschichten der australischen Ureinwohner. München 1981.

**Arbeitsgruppe Aborigines (Hrsg.):** Gerechtigkeit für Aborigines. Zur aktuellen Rechtslage der australischen Ureinwohner. Universitätsverlag, Wien 1992.

**Corinna Erckenbrecht:** Land und Landrecht der australischen Aborigines. Bonn 1988.

**Barbara Clowczewski:** Träumer der Wüste. Leben mit den Ureinwohnern Australiens. Wien 1991.

**Wally Caruana:** Die Kunst der Aborigines. Lichtenberg Verlag, München 1997.

**Eckhard Supp:** Australiens Aborigines. Ende der Traumzeit? Bouvier Verlag, Bonn 1994.

**Anneliese Löffler (Hrsg.):** Märchen aus Australien. Dietrichs Verlag, Düsseldorf/ Köln 1981.

**Richard Nile u. Christian Clerk:** Australien, Neuseeland und der Südpazifik. Kunst, Geschichte und Lebensformen. Bechtermünz Verlag, Augsburg 1998.

# Museen mit Australien-Abteilungen

Museum für Völkerkunde Dresden
Japanisches Palais
01097 Dresden
Tel: 0351-814450

Museum für Völkerkunde
(mit Junior Museum)
Staatliches Museum zu Berlin –
Preußischer Kulturbesitz
Lansstraße 8
14195 Berlin
Tel: 030-8301-1

Museum für Völkerkunde Frankfurt
Schaumainkai 35
60594 Frankfurt
Tel: 069-212-35391

Linden-Museum Stuttgart
Hegelplatz 1
70174 Stuttgart
Tel: 0711-20223

# Die Autorinnen

**Miriam Schultze**

ist 1967 in Neuss geboren. Als Ethnologin hat sie bisher in Museen, in der Jugend- und Erwachsenenbildung und als Übersetzerin gearbeitet. Sie war als Lektorin bei einem Verlag tätig und hat dort Bücher und Hörspiele für Kinder redigiert.
Zur Zeit schreibt sie an ihrer Doktorarbeit und arbeitet als freie Autorin. Dies ist ihr zweites Buch bei Ökotopia. „Sag' mir, wo der Pfeffer wächst" ist 1997 beim Ökotopia Verlag erschienen. Sie lebt mit ihrem Sohn und ihrem Mann in Marburg.

**Marion Ansorge**,

geb. 1967, ist Pädagogin. Sie moderiert derzeit Agenda 21-Gruppen und macht Führungen im Marburger Kindheitsmuseum. Sie lebt mit ihrer Tochter in Marburg.

139

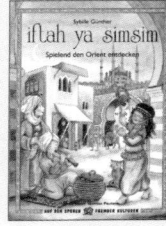

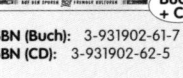

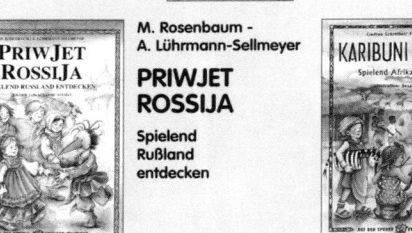

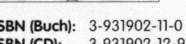

G. + F. Baumann

**Mit Mammut nach Neandertal**

Kinder spielen Steinzeit

ISBN: 3-925169-81-4

Martina Kroth

**Schokodon & Kichersaurus**

Kinder entdecken
spielerisch die Welt der Dinosaurier

ISBN: 3-931902-73-0

H.E.Höfele - S. Steffe

**Der wilde Wilde Westen**

Kinder spielen Abenteurer und Pioniere

ISBN (Buch): 3-931902-35-8
ISBN (CD): 3-931902-36-6

# Kinder spielen Geschichte

Im KIGA, Hort, Grundschule,
Orientierungsstufe, offene
Kindergruppen, bei Festen und
Spielnachmittagen

Die erfolgreiche Reihe
aus dem
Ökotopia Verlag

B. Schön

**Wild
und
verwegen
übers
Meer**

Kinder spielen
Seefahrer und
Piraten

ISBN (Buch): 3-931902-05-6
ISBN (CD): 3-931902-08-0

Hoffmann -
Pieper

**Das
große
Spectaculum**

Kinder spielen
Mittelalter

ISBN: 3-925169-78-4

Floerke + Schön

**Markt, Musik
und Mum-
menschanz**

Stadtleben im
Mittelalter

Das Mitmach-Buch
zum Tanzen,
Singen, Spielen,
Schmökern, Basteln
& Kochen

ISBN (Buch): 3-931902-43-9
ISBN (CD): 3-931902-44-7

# Kinder erforschen  die Welt

Sabine Hirler

**Hämmern,
Tippen,
Feuerlöschen**

Mit-Spiel-Aktionen,
Geschichten, Lieder
und Tänze rund um die
Berufswelt

ISBN (Buch): 3-931902-69-2
ISBN (CD): 3-931902-70-6

M. Kalff + B. Laux

**Sonne, Mond
und
Sternenkinder**

Mit der Mondmaus in
Spielen, liedern und
Geschichten die
Phänomene des
Himmels erforschen

ISBN (Buch): 3-931902-71-4
ISBN (CD): 3-931902-72-2

A. Neumann u.a.

**Wald-
fühlungen**

Das ganze Jahr den
Wald erleben –
Naturführungen,
Aktivitäten und
Geschichtenfibel

ISBN: 3-931902-42-0

Kathrin Sandhoff u.a.

**Mit Kindern in
den Wald**

Wald-Erlebnis-
Handbuch
Planung, Organisation
und Gestaltung

ISBN: 3-931902-25-0

C. + R. Seeger

**Naturnahe Spiel-
und Begeg-
nungsräume**

Handbuch für Planung
und Gestaltung

ISBN: 3-931902-75-7

H. Bücken
+ H. Baum

**Kiesel-
Schotter-
Hinkelstein**

Geschichten
und Spiele
rund um Steine

ISBN: 3-925169-77-6

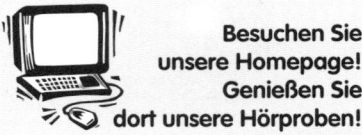

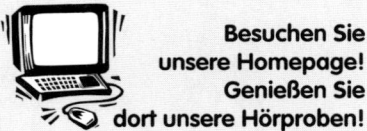